Curly

Willi Schlögl

ANLEITUNG ZUM WEINSAUFEN

Curly

Willi Schlögl

*ANLEITUNG ZUM WEINSAUFEN

Fast alles, was du über Wein wissen willst

südwest

Inhalt

Vorwort:

Mitte von Berlin

Reichstag, Brandenburger Tor, Adlon, Akademie der Künste, bunt beflaggte Botschaften. Schon mondän – hier atmet alles Geschichte. Oder Kunst oder Politik. Mehr Mitte geht nicht.

Na ja, um 23 Uhr können da auch Zweifel auftauchen, denn auf dem Platz vor dem Tor ist in dieser Frühlingsnacht nach einem Regenguss richtig wenig los: drei Typen mit Bierflaschen, ein dösender Rikscha-Pilot mit Regenbogen-Lightshow in der Fahrkabine und Radio Paradiso aus der Boom-Box. Auf welche Fahrgäste wartet der eigentlich noch? Vielleicht bezahlt ihn ja die Stadt, so als Berliner Original, nur für die Optik, das Da-Sein. Wer weiß. Jedenfalls tote Hose. Der ganze Touri-Trash schläft auch schon: Madame Tussauds, Starbucks, Dunkin' Donuts, Bud Spencer Museum. Wo sich tagsüber Menschen drängen, Reisegruppen, Schulklassen, ist es jetzt kalt und still. Alkohol hilft immer gegen die Leere – gut, wenn man weiß, wo man im kalten Herzen der Stadt so spät noch eine Heimat findet. Ein paar Meter die leer gefegte Prachtstraße Unter den Linden entlang bis Ecke Friedrichstraße, dann zum Kulturkaufhaus Dussmann. Da brennt zumindest noch Licht. Hinter den Schaufensterscheiben schleichen ein paar Schlaflose durchs Erdgeschoss, vielleicht auf der Jagd nach einem Roman, der die nötige Bettschwere bringt, vielleicht sind sie auch einfach dort, um nicht allein zu sein. Aber ich will kein Buch, ich will ein Glas Wein – oder besser gesagt: eine schöne Bouteille. Also rechts ab in die Mittelstraße. Nicht so ganz vertrauenerweckend, ein bisschen backstreet. Null Verkehr, kein Mensch, der Asphalt glänzt regenschwarz. Eine Bar – wirklich, hier? Doch. Bin ja nicht das erste Mal da. Ganz hinten stehen Leute auf dem Gehsteig. Über ihren Köpfen steigt der Rauch auf. Schlange vor einem Klub? Lässt der Türsteher die Wartenden nicht ein? Nein, Nikotinjunkies, die ihre Gläser aus der Bar Freundschaft mit nach draußen genommen haben. Rein ins warme Licht. Ist wie Heimkommen, gleich ein gutes Gefühl. Im Eingangsbereich der große Wirtshaustisch. Heute Abend belagert von einer hörbar österreichischen Truppe jüngeren Alters. Eine Batterie offener Flaschen auf dem Tisch, zum Abfedern schon Spritzer-Krügerl im Einsatz. In liebevoller Umklammerung der Gäste aus der Heimat: der Wirt Willi Schlögl. So sieht einer der besten Sommeliers hierzulande aus: Jeans, T-Shirt, Tattoos auf muskulösen Armen. Auf der Nase eine schwarze Hornbrille, um die ihn der selige Horst Tappert beneiden würde. Dahinter kein Derrick-Dackelblick, sondern wache, leuchtende Augen, im Gesicht ein breites Grinsen. Ein Hauch von Rausch. Ja, der Wirt muss auch ab und zu ein Glas mittrinken. Sein Kompagnon Johannes Schellhorn alias Schelli legt gerade eine neue Schallplatte auf, schiebt den Regler hoch und öffnet dann, ohne hinzuschauen, eine Flasche Rotwein.

Ein paar Plätze sind noch frei an dem langen Holztresen. Dessen geschwungene Outline wäre perfekt für eine Carrera-Bahn, würde nicht der Durchgang zur Küche den Parcours unterbrechen. Hinter dem Tresen Formel-1-Zirkus, hochtourig: In der Manege tänzeln Willi, Schelli und Andrea zwischen Kühlschranken, Kasse, Küche und Turntables, jonglieren mit Gläsern, schnüffeln an Korken gerade geöffneter Flaschen und schwenken Weißen oder Roten im Glas, um die Nase reinzustecken und zu probieren. Perfekt abgestimmte Choreografie, niemand fällt über die anderen, während die Gäste am Tresen bedient werden. Mit Wein, kleinen Speisen, warmen Worten und offenen Ohren.

Die Gäste in der Freundschaft können beim Trinken nicht nur das Team der Freundschaft bei der Arbeit studieren, sondern auch die anderen Durstigen. Bunte Palette: von ziemlich jung bis ziemlich alt, vom Designeranzug bis Schlabberpulli, von Lederpants bis Businesskostüm. Alles da. Guter Wein ist hier nicht den Insidern vorbehalten, auch wenn gelegentlich poetische Wortfetzen an mein Ohr branden: »mineralischer Charakter«, »Brioche, oder eher Buttertoast«, »diese Salzigkeit!«. Nicht schlimm, eher lustig, Weinlatein. Warum auch nicht? Ein bisschen schwafeln gehört dazu, wenn man etwas gerne tut oder trinkt.

In diesem Biotop ist auch Platz für einen stillen Beobachter in Sneakers und Sweater, unter dessen Basecap braune Locken hervorquellen. Der Rapper Curly ist nicht nur Stammgast in der Freundschaft, er bestreitet einmal die Woche mit Willi den Podcast Terroir & Adiletten. Oder wie wir meistens sagen: TundA* – weil der Titel sonst so lang ist und Adidas auch nach der zehnten E-Mail noch nicht gesagt hat, ob sie was dagegen haben, dass wir kostenlose Reklame für ihre Badeschlappen machen. 2021, als die Idee für den Wein-Podcast geboren wurde, brauchten wir für Willi unbedingt einen Counterpart, der keine Ahnung von Wein hat und das Thema durch dumme Fragen auch für Neulinge interessant macht – jenseits von Fachsimpelei. Gesucht wurde ein interessanter und neugieriger Mensch, der sich mit dem Weinprofi die Bälle zuspielt. Zunächst war das Rapper und DJ Harris alias Harry (Grüße an den OG oder, wie er sagen würde: Tight Aita!). Dann nach circa 20 Folgen der Wechsel zu Curly: das perfekte Match. Die beiden quatschen hemmungslos mit Leuten, die Wein produzieren, auf Spitzenniveau kochen oder andere interessante Dinge machen und gerne Wein trinken. Im Fokus steht immer die Lust, die nächste Flasche zu öffnen und zu genießen. Curly gibt einem dabei das gute Gefühl, dass selbst Ahnungslose mit Wein jede Menge Spaß haben können.

Liebe Leserinnen und Leser, wir freuen uns jedes Mal, wenn eine neue Podcast-Folge von Terroir & Adiletten am Start ist. Dahinter steht neben Willi und Curly ein ganzes Team von tollen Leuten bei pleasure*: Jens, Lenny, Max, Lydia und Eike, außerdem die styleheads-Gang Dustin, Julia, Melli, Suna, Ivo und Co. Nicht zu vergessen Jenny und Philipp vom Hotel Orania, die uns von der ersten Aufnahme an (Suite 102, where the magic happens!) mit ihrem tollen Team unterstützt haben. Nun sind wir mit der Anleitung zum Weinsaufen auch analog unterwegs – an dieser Stelle ein herzliches Dankeschön an Harry vom Südwest Verlag, der sich mit uns in dieses Abenteuer gestürzt hat, und old friend Ulf, unseren Agenten (haha, wer hätte das gedacht, damals ...). Papa und Mama, ihr wärt bestimmt auch stolz. Hier ist es – unser Buch zum Anfassen, Nachlesen, Blättern, mit Wine-Storys und vielen konkreten Tipps und Hacks rund um das Thema Wein. Wir wünschen euch viel Spaß damit!

Euer Steffen

*Steffen Gottwald, Mitgründer pleasure**

Flasche geh auf, wir haben Backstagepässe!

1

Anleitung zum Weinsaufen in 10 Schritten

Kein Spiel ohne Regeln! Wein ist Kulturgut, also zeig ein bisschen Style. Anständiger Korkenzieher, schöne Gläser, die richtige Trinktemperatur, ein bisschen Hintergrundwissen, und schon kann es losgehen. So machst du eine gute Figur als Weintrinker*in.

1. Flasche auf

Bitte leg dir einen oder besser mehrere anständige Korkenzieher zu. Ab jetzt solltest du ja eh immer einen dabeihaben. Mit »anständig« ist ein sogenanntes Kellnermesser gemeint. Wenn du nicht weißt, was das ist: googeln. Es darf gerne billig sein, falls aber Luxus gewünscht ist, empfiehlt Willi das Perceval-Messer. Egal ob teure oder billige Version: Schmeiß bitte deine anderen Korkenzieher weg, vor allem dieses würdelose Ding mit den zwei Hebeln an den Seiten. Das wollen wir nie wieder sehen. Für Fortgeschrittene, die auch mal eine alte Flasche aufmachen wollen: Dafür brauchst du (zusätzlich zum Kellnermesser) eine »Hebamme«. Das sind Korkenzieher mit zwei dünnen Metallfedern, die rechts und links vom Korken ins Glas gehen. Mit einer Hebamme bekommst du weiche und bröselige alte Dinger aus dem Flaschenhals. Funktionieren super und machen dazu noch Megaeindruck. Alternativ gibt es zur Hebamme übrigens noch den sogenannten Durand: ein Hybrid aus klassischem Korkenzieher mit Federn an der Seite. Echter Profi-Shit, lohnt sich nur, wenn man viele alte und teure Flaschen aufzieht – aber ist dann auch deppensicher und die Investition lohnt sich.

2. Ab ins Glas

Gute Gläser sind wichtig. Es ist krass, wie sie bei hochwertigen Weinen die Nuancen des Aromas verändern können. Es geht aber auch um was anderes: Gute Gläser sind dünner, und das fühlt sich einfach schöner an. Das gibt einem tollen Wein den richtigen Rahmen. Wir empfehlen, dass du dir zunächst ein paar gute Universalgläser zulegst, mit denen man im Prinzip durch jeden Abend kommt. Dann kannst du aufrüsten, zum Beispiel in Richtung Burgunderglas – für gute Chardonnays oder Pinot Noirs. Gläserwechsel zu jedem Gang und für jeden Wein ist ein bisschen over the top. Wenn du von Rotwein zu Weißwein zurückwillst: einmal kurz mit Wasser durch, fertig. Von einem zum nächsten Rotwein: gar nix machen. Damit das Glas am Anfang einer Verkostung nicht zufällig noch nach Spülwasser oder einem Handtuch riecht, empfiehlt Willi das Avinieren, also einmal ein klein bisschen Wein im Glas schwenken und diesen dann wegschütten. Und übrigens: Wenn ihr guten Schaumwein trinkt, lasst die Sektgläser im Schrank. Ein ordentliches Weißweinglas ist besser, da kann man auch mal dran riechen. Und die Champagnerschale gehört sowieso nur ins DiCaprio-Gatsby-Meme.

3. Temperatur

Du kennst diesen Spruch bei Immobilien »Lage, Lage, Lage«? Beim Weintrinken ist das die Temperatur. Sie ist absolut entscheidend. Jetzt kommt's: Du trinkst deinen Rotwein zu warm. Wetten? Der Mythos von der »Zimmertemperatur« stammt aus einer Zeit, als »Zimmer« 14 Meter hohe Säle in ungeheizten Schlössern waren. Da hatte es keine 45 Grad wie neben dem Ofen deiner Lieblingspizzeria, genau da, wo der Primitivo steht. Cola trinkst du doch auch nicht körperflüssigkeitswarm – also why the fuck kühlst du deinen Rotwein nicht??? Ja, wir wissen, in ungeübten Umgebungen ruft die Frage nach einem Eiskübel – FÜR DEN ROTWEIN?! – ziemlich crazy Reaktionen hervor. Aber so ist das, wenn man der Einäugige unter den Blinden ist. Oder die Ruferin in der Wüste. Schmerzhaft. Einsam. Egal: Rotwein mit 16 Grad zischt so krass, das spült den Spott und die Häme der Unwissenden schneller weg, als Willi »lecker« sagen kann. Weißwein: nicht zu kühl trinken, aber immer nach der Regel »je schlechter, desto kälter« – Jägermeister lässt grüßen.

4. Weinfreunde selbst gemacht

Alle trinken gerne Wein und keiner hat einen Plan. Wie wäre es, wenn du die Erste bist, die mal anfängt, ihren Freundeskreis mit ein paar besseren Pullen zu überraschen? Oder der Erste, der zu einer kleinen Verkostung einlädt? Menschen, mit denen man über Wein reden kann, wachsen nicht auf Bäumen. Also hilf mit, sie heranzuzüchten. Es gibt nichts Schöneres, als wenn man sein Weininteresse teilen kann. Und man sich auch mal etwas teurere Flaschen zu dritt oder viert leistet. Wer weiß, wo diese Reise endet?

5. Lesen hilft, hören auch

Jetzt wird's ein bisserl nervig für manche. Weil: klingt nach Arbeit. Ist es aber nicht, zumindest sollte es das nicht sein. Klar, das A und O des Über-Wein-Lernens ist das Trinken selbst. Oder der gelegentliche Besuch auf einem Weingut. Aber was darüber hinaus wirklich hilft, ist das Lesen über Wein. Wenn du das, was du am Abend aufschnappst, am Tag danach noch mal nachliest, vielleicht noch mit zusätzlichen Fakten verbindest und Neues erfährst, was du dann wieder im Glas überprüfen kannst (und willst!), wirkt das wie ein Turbo. Ja, wir alle haben diesen Freund, der sagt: »Wirklich lernen tut man nur beim Trinken« – aber glaub uns: Das ist Quatsch. Okay, und was sollst du lesen? Hier ein paar Tipps: *Der große Weinatlas* von Hugh Johnson und Jancis Robinson, Aldo Sohm *Einfach Wein* (übrigens zu Gast in Folge 49 von TundA*), Jasper Morris *Inside Burgundy*, Alice Feiring *The dirty Guide to Wine*, Jancis *Robinson Rebsorten und ihre Weine*, Stuart Pigott *Wilder Wein* und *Natural Wine* von Isabelle Legeron. Was aber auch super ist: Die Beschreibungen in manchen (guten) Onlineshops. Die sind natürlich oft sehr euphorisch, aber machen Bock und man kann das Zeug dann auch gleich bestellen. Pflicht natürlich: Deutschlands bester Wein-Podcast! Aber das weißt du ja eh.

6. Wer nicht fragt, bleibt dumm

Fast so schön wie Wein trinken ist das Drüber-Reden. Probier es mal aus – zum Beispiel mit Sommeliers, Kellnern in Weinbars oder in guten Restaurants. Wir verraten dir ein Geheimnis: Es gibt so krass wenig Leute, die echt Plan von Wein haben, dass sich fast alle Menschen, die damit beruflich zu tun haben, tierisch freuen, wenn jemand nachfragt, interessiert ist, sich austauschen will. Nebeneffekt: Beim nächsten Mal erinnern sie sich garantiert an dich und du bekommst schnell das VIP-Treatment. Was damit übrigens nicht gemeint ist: den Leuten Vorträge zu halten oder angeberisches Name-dropping. Das mag niemand nirgendwo. Rede über das, was du verstehst, und sag auch, was du nicht weißt oder wo du dich nicht auskennst. Wie heißt es im Internet: Du wirst nicht glauben, was dann passiert.

7. The Art of Neues

Du musst jetzt sehr stark sein: Deinen Lieblingswein trinkst du ab jetzt nie wieder. Warum? Weil du ihn schon kennst und bestimmt auch schon hundertmal getrunken hast. Ciao. Sieh es mal so: Jedes Glas Wein ist eine Gelegenheit, einen neuen Wein kennenzulernen. Der besser ist. Oder auch mal schlechter, egal. Das ist der Anfang deines schönsten Abenteuers!

8. Andere Länder

Eigentlich ist das Regel 7b: Du hast bestimmt schon genug aus Deutschland getrunken, stimmt's? Oder Österreich? Dann fang doch langsam mal mit 'nem anderen Land an, such dir dabei eins, auf das du dich ein bisschen fokussierst. Klar, das ist am Anfang alles verwirrend, aber was hier hilft, ist Punkt 5: lesen. Zum Beispiel über Regionen in anderen Ländern. Worüber du bestimmt erstaunt sein wirst: Frankreich, dieser Weinkoloss, das Land mit den allermeisten Topweinen und unterschiedlichsten Stilistiken, ist wahnsinnig gut strukturiert und organisiert, was seine Weine betrifft. Wenn du ein bisschen drüber liest und probierst, kannst du schnell zur Expertin oder zum Experten werden. Noch ein Tipp: Versuch mal, bekannte und unbekannte Weine aus ähnlichen Rebsorten zu vergleichen und Unterschiede zu erkennen. Zum Beispiel Sauvignon Blanc aus Österreich und Sauvignon Blanc aus Neuseeland.

9. Du weißt nichts!

Haben wir eben gesagt, du wirst zur Expertin oder zum Experten? Nein, wirst du nicht. Das ist ja das Geile – alle Wein-People wissen, dass sie nichts wissen. Klar, es gibt Levels und Levels. Aber: Die Menge an Sachen, die auch die Schlauesten nicht wissen, ist so immens groß, dass am Ende alle in einem Boot sitzen. Im Boot der Nichtwisser. Super, oder? Und: Ist es nicht toll, etwas anzufangen, das nie ein Ende nehmen wird? Nur leider kommt immer ...

10. Der Tag danach

Kater ist Abfuck. Das große Weinabenteuer, der goldene Glanz, das fantastische Lineup letzte Nacht – alles ist beschissen und die Rübe tut weh. Wir empfehlen das, was du eh schon weißt, du bist ja nicht von gestern. Viel Wasser trinken, den Limoncello nach dem Essen weglassen und wenn's mal wieder richtig wild war, Elotrans und Ibu vor dem Schlafengehen. Pizza Napoli am nächsten Tag. Willi sagt: weißen Spritzer. Aber was weiß schon Willi – er gehört zu diesen extrem unangenehmen Typen, die nie einen Kater haben. Wir hassen ihn. Besonders heute.

Bonusregel:
Bitte mit Stil: Fass das Glas am Stiel an. Oben machst du das Glas fettig und den Wein warm.

Bonus-Bonusregel:
Sei kein Weinarschloch. Davon gibt es schon genug.

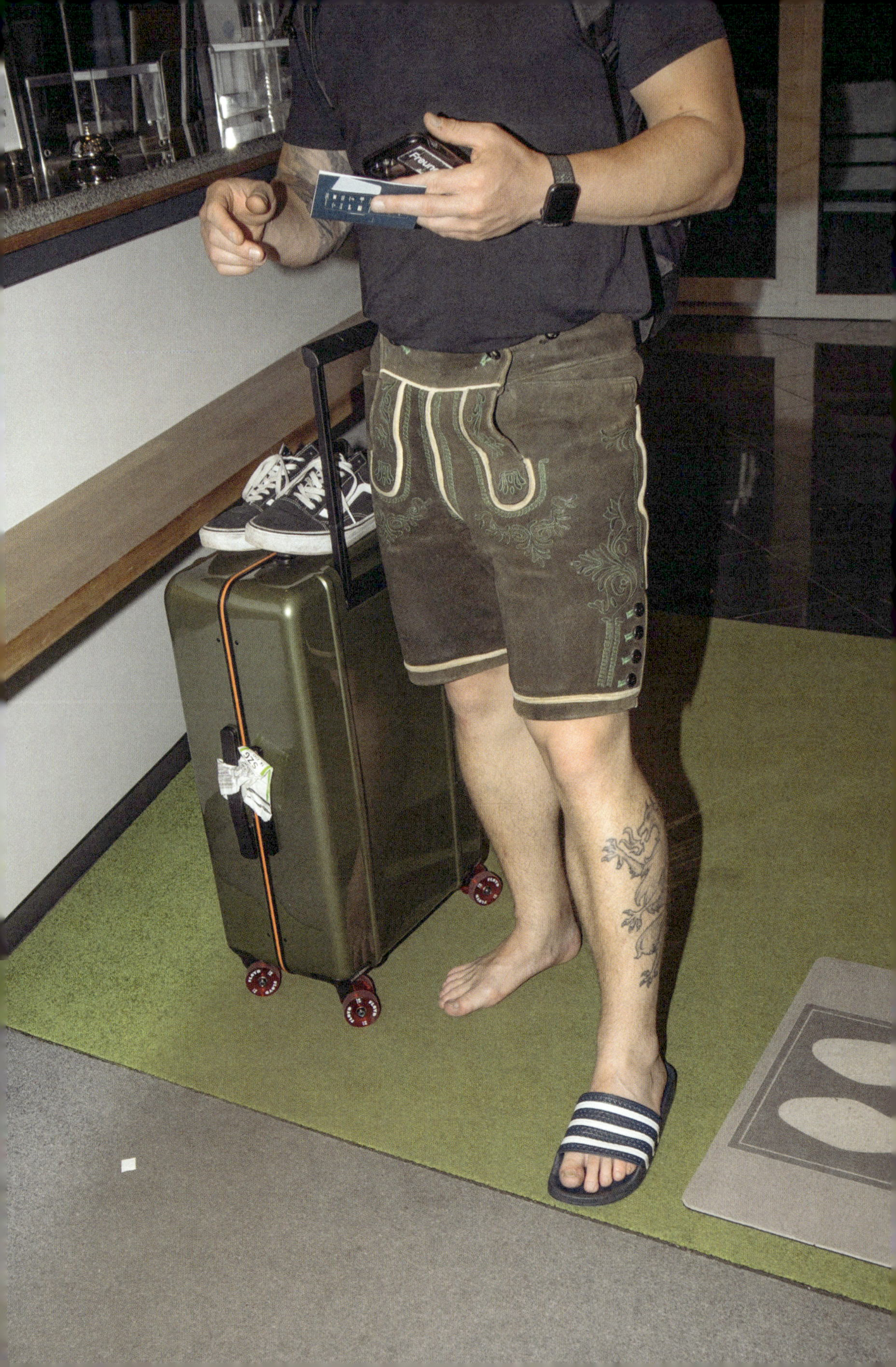

2

Terroir. Und Adiletten.

Der Podcast

»Warum habt ihr dem Podcast eigentlich diesen seltsamen Namen gegeben?« Das werden wir oft gefragt und wenn man schon ein Buch schreibt, dann ist das vielleicht der Moment, mal darauf zu antworten. »Terroir« also. Kein Allerweltswort, französisch auch noch. Kleiner Lifehack: Wenn ihr euch irgendwann mal einen Namen ausdenkt, zum Beispiel für einen Podcast, nehmt ein Wort, das von der Diktierfunktion eures Handys oder Laptops erkannt wird. Erleichtert vieles. Lifehack Ende.

Es war von vornherein unser Plan, dass wir mit dem Titel unseres Podcasts den Gegensatz beziehungsweise die ganze Spannweite ausdrücken wollten: Weinprofi-Talk trifft auf Ahnungslosigkeit, Spaß, Unterhaltung. »Terroir« steht dabei für den Profi-Teil, ein Wort, das im Gespräch von Wein-Geeks sehr oft vorkommt. Wenn man genauer drüber nachdenkt, ist der Begriff sogar absolut essenziell für das ganze Bohei, das rund um Wein veranstaltet wird.

Aber mal der REIHE nach

»Terroir« ist im Weinkontext zunächst mal ein bestimmter Ort mit definierten Eigenschaften. Den Ort selbst findet man auf jeder normalen Landkarte.

Der Clou ist aber, dass der Begriff auch Faktoren miteinbezieht, die nicht auf den ersten Blick bei Google Maps zu erfassen sind: den Boden, das Klima, die Topografie. Und dann auch noch das, was der Mensch aus all dem macht oder vielleicht schon seit Jahrhunderten gemacht hat – die Kulturlandschaft. Also beruht »Terroir« auf einem wilden Mix von Eigenschaften, die zusammen so etwas wie eine Herkunft, ein Erbe, aber auch Erwartungen definieren.

Beginnen wir beim Boden: Er hat großen Einfluss auf Wein – der berühmte Kalkstein, oder Lehm, Basaltböden etc. Das Thema ist komplex: »Boden« ist ein Mosaik aus tausend kleinen Teilen, von seiner Fähigkeit, Wasser zu speichern, bis zu bestimmten Mineralien und den kleinen Viechern, die darin leben – oder auch nicht (Shoutouts an die Glyphosat-Dealer von Bayer, vormals Monsanto). Eng zusammen hängen Klima und Topografie: Wenn sich zum Beispiel in eigentlich südlichen, heißen Breitengraden ein Weinberg hoch an den Hängen eines Vulkans befindet, dann sind oben die Tage und vor allem Nächte kälter als weiter unten. Das heißt dann: anderes Terroir, anderer Wein. Oder wenn in einem eigentlich nördlichen Gebiet, sagen wir mal zum Beispiel an der Mosel, ein Weinberg in steiler Lage mit Blick nach Süden liegt, dann bekommt der Hang deutlich mehr Sonne und Hitze ab als ein flaches Feld direkt nebenan. Nachvollziehbar?

Hier merkt man schon den Einfluss des Menschen als einflussreichen Faktor des »Terroir«: Weinreben an einem Steilhang anzupflanzen, nach Süden in Richtung Sonne ausgerichtet, in einer Flusskurve, in der sogar der Fluss noch die Sonne widerspiegelt, ist eine geniale Methode, um Wein selbst in einer verregneten Gegend in Nordeuropa möglichst jedes Jahr zum Reifen zu bringen. Danke, Römer – der nächste Kabi geht auf euch!

The Heat is on

Natürlich befinden sich all diese Faktoren in langsamem, aber stetigem Wandel. Während es inzwischen dank des Klimawandels überhaupt nicht mehr schwierig ist, Trauben auch in den nördlichen Regionen von Deutschland und Frankreich reif zu bekommen, steht man inzwischen vor der Herausforderung, auf zu heiße und trockene Sommer reagieren zu müssen. Das kann geschehen, indem Weinberge statt mit Südausrichtung eher in Richtung Norden angelegt werden, oder durch veränderte Arbeit im Weinberg – von der Form, wie man die Reben bindet, bis zu der Art, wie man wann welche Blätter abschneidet.

Und natürlich spielt auch die Auswahl der Rebsorten eine große Rolle. Während wir dieses Buch schreiben, gibt der Weinbauverband von Bordeaux gerade bekannt, dass ab sofort ein kleiner Prozentsatz von neuen Arten in Bordeaux angepflanzt werden darf: die Rebsorten Arinarnoa, Marselan, Castets und Touriga Nacional. Zumindest die ersten drei kennt keine Sau. Zwei davon sind Neuzüchtungen, die auf Hitze optimiert sind, eine Rebsorte aus den Pyrenäen und eine aus Portugal, die sogar an den im Sommer glühenden Hängen des Douro-Tals noch frische Weine hervorbringt. Winzer denken in langen Zeiträumen, in Generationen, Jahrhunderten. In Bordeaux weiß man: Die nächsten 100 Jahre werden schwierig, weil sie wahnsinnig heiß und trocken werden – von immer häufiger auftretenden Unwettern, Hagel und Tornados mal abgesehen. Darauf stellt man sich nun ein und bald werden die »neuen« Rebsorten zum traditionellen Terroir von Bordeaux dazugehören wie Cabernet Sauvignon, Merlot und Cabernet Franc heute. Zum Begriff »Terroir« gehört also auch, welche Rebsorten am jeweiligen Ort angebaut werden.

Ein bisschen gaga

Zusammengefasst: Wenn wir über »Terroir« reden, dann ist das ein Versuch, all das zu beschreiben, was durch den Ort des Weinbaus und die Art und Weise des Traubenanbaus einen Einfluss auf den Wein hat.

Und wenn der Wein dann in der Pulle ist, ist »Terroir« etwas, das Wein-Nerds versuchen, aus dem Wein herauszuschmecken. Schockierender Disclaimer: Das Ganze ist absolut keine exakte Wissenschaft, im Gegenteil. Es hat vielmehr mit einer Vereinbarung zu tun, die Weinleute untereinander getroffen haben. Das trägt zum Teil auch absurde Züge. Ein Beispiel: Während es ja naheliegt, dass »Terroir« über natürliche Methoden und ohne Zusatzstoffe ausgedrückt werden soll, gibt es oft Kritik an Naturweinen ohne Schwefel, weil diese angeblich eben nicht das Terroir widerspiegeln. Okay, das bedeutet also, dass Schwefel zum Terroir gehört? Ihr seht, hier wird es auch schnell ein bisschen gaga.

Nun aber mal zur Frage, warum das eigentlich alles so wichtig ist. Warum ist das Wort so zentral, wieso ist es bei uns im Titel gelandet? Terroirwein, also Weine, die durch den Geschmack ihre Herkunft wiedergeben, sind der natürliche Gegenspieler zum Massenwein, zum Industriewein, zum Blanchet aus dem Supermarkt. Man kann Hunderte von Zusatzstoffen von Aromahefen bis zu Holzspänen und Gelatine in den Wein kippen, vieles davon mit dem Ziel, eine bestimmte Stilistik vorzugaukeln und mit niedrigen Kosten »Qualität« zu imitieren. Wenn zum Beispiel ein Wein rund, samtig und üppig sein soll, war das früher Weinen aus dem Süden vorbehalten. Exotische Aromen im Weißwein erzählten von heißen Jahren oder Südhängen. All das ist inzwischen völlig losgelöst voneinander möglich. So wie Himbeerjoghurt ohne Himbeere. Naturidentische Aromastoffe, olé!

Viel weniger lustig

Gäbe es keine Terroirweine, die die Geschichte ihrer Herkunft transportieren, von der Rebsorte bis zur Zusammensetzung des Bodens, Weine, die in einem Kontext ihrer Region und Tradition gesehen werden können, bei denen man vielleicht sogar spüren kann, ab welchem Jahrgang früher gelesen wurde oder das Weingut vom Vater an die Tochter übergeben wurde – dann bräuchte es keine Sommeliers, kein Weinwissen, keinen Podcast. Dann wäre Wein gleich Coca-Cola, Beck's und Rotkäppchen – ein Industrieprodukt mit einem simplen Zweck: gleichbleibender Geschmack, fester Preis. Das wäre sehr langweilig und auch geschmacklos. Man würde weder etwas über die Macherinnen und Macher hören wollen noch den Versuch unternehmen, Jahrgänge, Flaschen und Produzenten auseinanderzuhalten. Würde die Menschheit daran zugrunde gehen? Nein. Aber es wäre doch viel weniger lustig, oder?

Also, deswegen heißen wir Terroir & Adiletten – und nicht wie unser erster Podcast-Co-Host Harry beim ersten Telefonat damals sagte: »Wie soll dit Ding heißen? Terror und Buletten?« Never change, Harry! Fehlt nur noch das Thema Adiletten: Adiletten sind bequeme Badelatschen von Adidas, die wir sehr mögen.

Die beiden Begriffe stecken unsere Spannweite ab. Da passt viel rein. Aber eigentlich ist die Sache ganz simpel: Jede und jeder möchte gerne eine gute Flasche Wein trinken – egal ob im Businessdress nach der Arbeit oder zu Hause auf dem Balkon in Bademantel und Adiletten. Wir wollen unseren Spaß am Wein an euch weitergeben, inklusive ein bisschen Weinwissen – Basics, Hintergründe, Insiderstorys. Schon im Podcast ist uns keine Frage zu banal, um nicht gestellt zu werden. Curly hat da keine Hemmungen. Und Willi gibt auf fast alles Antwort und löchert seine Podcast-Gäste. Von denen sind übrigens auch ein paar mit an Bord in diesem Buch. Was uns alle antreibt, ist die Neugier beim Thema Wein. Das Gute zu mögen, ist keine Frage der Erfahrung, nicht wahr, Curly?

Auf die Freundschaft!

Curly: Genauso ist es – und deswegen erzähl ich euch mal von einem Abend in der Freundschaft, der zu meiner Lernkurve beigetragen hat. Ich sitze dort in der Küche, schon was Besonderes, denn backstage dürfen ja nur die ganz engen Homies. Ich schaue mit Stammgast Simon alias @saufbae (checkt ihn unbedingt auf Insta!) Champions League auf dem Laptop. Hinter uns tobt der Küchenkrieg. Heute sind Dennis Aukili und Benjamin Hübner mit ihrer Frankfurter Pop-up-Küche am Start. Die beiden rufen sich die Bestellungen zu, finalisieren Backhendl, Carpaccio vom Kräuterseitling und vierteilen die Wildschwein-Salsiccia. Die Gerichte kommen draußen super an, sonst wären die Jungs nicht so im Stress. Wir also auf zwei kleinen Stühlen an dem kleinen Beistelltisch, die Schaltkonferenz der Champions League, und nebenbei trinken wir Wein, was sonst? Simon ist beruflich an der Humboldt-Uni als Dozent für Wirtschaftswissenschaften, könnte aber durchaus eine Parallelkarriere als Sommelier starten, denn er hat einen erstaunlichen Geschmack, den nicht viele im Weingeschäft haben. Sagen zumindest Willi und Schelli, und die müssen es ja wissen.

Simon ist jetzt in Stimmung und durchforstet die Weinkarte nach etwas mit Wumms und viel Säure. Einen »bissigen Weißen« wünscht er sich und zeigt Schelli etwas auf der Karte. Der bringt eine Flasche, die wie Steingut aussieht, mit einem fetten Wachspömpel obendrauf. Irgendwas aus der Region um Barcelona. Beim Dekantieren denke ich nicht zwingend an Wein, so trüb und gelb gluckert das Getränk in die Karaffe. Sieht gefährlich aus und schmeckt auch so, finde ich nach dem ersten Schluck.

Hinter uns packen jetzt die Frankfurter Gastköche ihre Sachen zusammen. Wir siedeln um an die Bar im Gastraum und Schelli öffnet eine Flasche Rotwein, deren Etikett die Köche ungläubig anstarren: Overnoy-Houillon.

»Wo hast du die her?«, *fragt Dennis.*

»Vor ein paar Jahren gekauft, als er noch bezahlbar war.«

»Ist der auf der Karte?«, *fragt Ben.*

»Ja, schau nach.«

– Ben blättert in der Karte und findet den Wein. – Gelächter. –

»Ich sehe, warum. Da steht kein Preis. Nur ein Wort: teuer.«

»Nicht lachen, Burschen, probieren!«, *mahnt Willi.*

– Gemeinsames Schmecken und Riechen und Ah und Oh! –

»Was riechst du?«, *fragt Willi mich.*

Dann sage ich ohne nachzudenken: »Kuhstall«

– Alle lachen. –

»Sehr gut, du lernst das schon,
Und jetzt trinken«, *meint Schelli.*

Vorsichtig probiere ich. Bin komplett überfordert. Der Kuhstall ist immer noch da, bittere Noten, aber auch viele Früchte. Ich denke an Tollkirschen, obwohl ich keine Ahnung hab, wie Tollkirschen schmecken. Da ist so eine Schärfe drin, die mich nervös macht. Ich bin mir nicht sicher, ob mir der Wein schmeckt, aber er ist auf jeden Fall intensiv. Wenn immer von Terroir geredet wird, hier ergibt das für mich definitiv Sinn. Ich habe das Gefühl, einen halben Landstrich in Mund und Nase zu haben, definitiv einen bestimmten Ort. Schon geil. Verreisen ohne Wegfahren. Das ist vielleicht auch eine der Sachen, die Wein so besonders macht.

Man kann natürlich auch zu Weingütern fahren (dazu auch später noch mehr), aber wenn man will, kann man einmal rund um den Globus, ohne das Haus zu verlassen. Was natürlich wichtig ist: dass man sich selber eine Basis schafft. Das geht, indem man zufällig gefragt wird, ob man einen Wein-Podcast hosten will, oder indem man sich einmal die Grundbegriffe erklären lässt – zum Beispiel in einem Tasting für blutige Anfänger.

Guter Wein ist bei korrekter Lagerung seeehr lange trinkbar.

Die Tasting-Gang hinter Curly von links nach rechts: Fritz, Kelly, Lotte, David, Johna, Disco.

3

Auf die Weine, fertig, Prost!

Wine-Tasting
für blutige Anfänger

Deine erste Weinprobe – Regieanweisungen

Man nehme:

- Gäste, die man wirklich mag, also Freunde und Freundinnen. Man verbringt eh schon zu viel Zeit mit Menschen, weil man muss. Der Spaß bei eurem Wine-Tasting soll im Mittelpunkt stehen. Es macht auch keinen Sinn, wenn jemand dabei ist, der oder die eh nur Bier trinkt. Achtet darauf, dass die Leute zusammenpassen, es soll ja gesellig werden.
- Sorgt für eine interessante Zusammenstellung von Weinen. Also nicht same, same, sondern möglichst Weine, die unterschiedliche Storys erzählen.
- Genug schöne Gläser.
- Achtet auf die richtige Trinktemperatur und stellt Kühler bereit.
- Plant eine Reihenfolge für die Weine, die ihr verkosten wollt.
- Spucken sparen wir uns, wir trinken ja keine Unmengen. Oder?
- Wasser sollte nebenbei genug getrunken werden.
- Schön ist es, wenn ihr euch vorher ein bisschen schlaumacht über die Gegend, aus der die Weine kommen, vielleicht auch was speziell daran ist, wie die jeweiligen Winzer*innen arbeiten. Die Geschichten und Gespräche sind eigentlich das Beste am gemeinsamen Weingenuss.
- Habt vielleicht besser am nächsten Tag nicht allzu viel vor. Also keine großen Geschäftstermine um 9 Uhr, denn es könnte spät werden. Und wenn ihr übertreibt, könnte es sein, dass ein paar Nachwirkungen spürbar sind. Aber ihr übertreibt ja sicher nicht. Machen wir auch nie.
- Kleine neutrale Speisen und ein bisschen Brot schaden nicht, es sei denn, ihr wollt wirklich analytisch trinken. Dann nix zu essen.

Na, wie schmeckt's? Euer erstes Wine-Tasting

Knallhart protokolliert von CURLY

Sonntag 13 Uhr, der ideale Termin für ein Wine-Tasting. Day Drinking ist sowieso Beste. Wir treffen uns mit einer Gruppe von Wein-Anfängern in der noch geschlossenen Freundschaft, um sie mit Willis kompetenter Hilfe schulmäßig in die Welt des Weins einzuführen. Also Aromen, die richtigen Begriffe und so weiter. Mal was anderes, heute bin nicht ich der absolute Newbie, lol. (Kommentar Willi: »Doch, das bist du. Wart's ab.«) Am Start sind ein paar Freundinnen und Freunde: Lotte (kennt ihr aus Folge 53), Kelly alias @missesvlog, außerdem Johna, David und Fritz.

Willi hat den Tisch gedeckt mit schönen Gläsern, Spuckeimerchen inklusive. Das brauchen vor allem die Profis: Willi muss an einem typischen Verkostungstag auch mal um die 100 Weine probieren, wow. Goldene Regel also: nicht schlucken, sondern spucken. Sonst sind nach den ersten fünf Proben alle hacke – auch schön, aber nicht das, worum es heute geht. Nämlich den guten Stoff auch wirklich sachgemäß zu beurteilen.

Kelly, Johna und Fritz ergründen den Kölner Hauptbahnhof.

Retro, Baby!

Los geht es mit einem kleinen Vortrag von Willi zum Thema Schmecken. Retronasal! Was so klingt wie die Beschreibung meiner Stimme im Podcast, ist ein ganz entscheidender Faktor beim Schmecken. Es geht um die Rückkoppelung zwischen Nase und Gaumen – denn ohne Riechen kein Schmecken! Willi hat dazu einen schönen Test vorbereitet: Zucker und Zimt in einer Tasse. Wir sollen uns ein bisschen Zimtzucker auf einen Löffel geben, ab in den Mund – aber dabei die Nase zuhalten. Die Frage »Was schmeckt ihr?« ist einfach zu beantworten: »Süß!« – »Sonst nichts?« – »Nein.« Dann sollen wir unsere Nasen wieder frei machen und plötzlich: Zimt! ZIMT!! Der simple Beweis: ohne Riechen kein Schmecken. Die Geschmacksknospen auf der Zunge arbeiten ohne Support von der Nase nur im Basismodus: süß, sauer, salzig, bitter, umami (wenn ihr das nicht kennt, dürft ihr selber googeln). Dass für alle darüber hinausgehenden Feinheiten die Nase maßgeblich ist, merkt man bei Schnupfen, oder auch bei Covid. Da war es bei vielen ja wirklich so krass, dass sie wochenlang nur noch süß und salzig unterscheiden konnten – sonst gar nichts. Also bei der nächsten Covidparty nicht unbedingt die DRCs aufziehen. Denn die ganzen vielfältigen Aromen – Rosenblätter, Kräuterwürze, Rauch, Speck, rote Beeren, Geld - könnt ihr sonst nicht herausschmecken.

Ich dreh am Rad

Klar, alle schmecken irgendwas, wenn sie ein Glas Wein probieren. Und tatsächlich auch alle etwas anderes, weil Geruchssinn subjektiv ist. Die Kunst ist es, das dann auch in Worte fassen zu können. Nicht, weil man damit angeben will (also gut, ein bisschen schon), sondern, weil man so den Gaumen schult und sich darüber klar wird, warum man welchen Wein gut findet oder eben nicht. Mal kurz ein Blick auf das große Ganze: Das ist eigentlich der wichtigste Grund für das Buch hier, den Podcast, die ganze Auseinandersetzung mit dem Thema. Dass man formulieren lernt, was man mag oder nicht mag. So wird Weineinkauf und Weinbestellung dann von einem Random-Glücksspiel, bei dem man am Ende immer nur »Grauburgunder« sagt, zu einer kontrollierten Angelegenheit. Aber zurück zum Tasting: Sehr hilfreich dafür sind sogenannte Aromaräder, die es für weißen und roten Wein, aber auch für jede einzelne Rebsorte gibt. Einfach mal googeln. Oder schaut euch das von Willi höchstpersönlich konzipierte Aromarad an – einmal rot, einmal weiß (Seite 38 und 39). Das könnt ihr im Kopf durchgehen und so Wörter finden für das, was ihr glaubt zu schmecken. So gewinnt ihr Sicherheit und findet sicher bald ganz eigene Begriffe, die euch helfen, euren Lieblingswein zu beschreiben.

Wein, sonst nix

Nächster Stopp nach der Theorie: die Praxis. Was reicht man zur Weinprobe? Außer Wasser bitte nix. Brot neutralisiert nicht, sondern ihr wisst ja, wenn man länger drauf rumkaut, entsteht eine intensive Süße, mmmhh, lecker, aber nicht gut zum Tasting. Zum Auffrischen zwischendurch vielleicht mal ein Stück Apfel sagt Willi. Lol, nein. Oder eben ein Schlückchen Wasser. Zu den Gläsern: Macht nicht lange rum, kauft euch schöne, einfache Gläser, vielleicht nicht unbedingt die billigste Massenproduktion. Die Form ungefähr so, wie ihr sie sonst auf unseren Fotos im Buch seht. Ja, das Auge trinkt mit, so ein handgeblasenes Glas ist schon was Schönes und fühlt sich auch einfach nice an. Aber entscheidend ist das nicht. Der Punkt ist nur: Wenn man Weine vergleicht, muss man sie aus dem gleichen Glas trinken, weil jeder Wein in einem anderen Glas auch anders riecht und schmeckt. Das ist echt irre, wenn ihr könnt, probiert das mal aus! Selber Wein in einem großen oder kleinen Glas: anderes Ball-Game. Übrigens empfiehlt es sich, ein Glas vor dem Probieren zu avinieren, denn wenn ihr Pech habt, dann hat euer Geschirrtuch einen leicht muffigen Geschmack am Glas hinterlassen, den man dann nicht aus der Nase kriegt. Einfach einen Spritzer Wein ins Glas, die Innenwände benetzen und den Schluck wegschütten, dann kann es schon losgehen. Zwischen den Weinen braucht ihr das Glas nicht zu wechseln, auch nicht, wenn ihr von Weiß auf Rot umsteigt. Von Rot auf Weiß empfiehlt es sich allerdings doch kurz mit Wasser zu spülen, sonst wird die Farbe verfälscht.

Haltet beim Probieren (und sowieso beim Trinken immer) das Glas am Stiel, dann macht ihr keine Fettflecken dran und erhöht auch nicht die Temperatur im Glas. Nein, die Amerikaner, die in allen Filmen und Serien das Glas oben anfassen, haben NICHT recht. Es ist falsch, dumm und hässlich, sagt Willi. Und ich mach das inzwischen auch nicht mehr.

Dann schwenkt den Inhalt ein bisschen im Kreis. Warum? Damit Luft an den Wein kommt. Luft, in der Nase und im Glas, ist die wichtigste Zutat beim Weinverkosten.

Lotte sucht Pfirsich und findet Sauerbraten. David findet Lotte.

Dann also die Nase ins Glas. Auch hier: immer dezent elegant bleiben, keine Zirkusnummer und auch kein besserwisserisches Ah und Oh! Wobei, könnt ihr natürlich auch machen, ist ja ein freies Land.

Schaut euch die Farbe des Weins vor einem neutralen weißen Hintergrund an, wenn gerade einer da ist. Nicht zwingend gegen das grelle Tageslicht. Ist der Wein klar? Was macht er für Schlieren an den Glasinnenwänden? Wie ist die Farbe, was gibt es für Lichtreflexe? Die Farbe sagt übrigens nicht direkt was über die Qualität aus, zumindest nicht so, wie man denkt. Wer meint, ein guter Rotwein müsste dunkelrot sein, liegt falsch. Einige der besten und teuersten Rotweine der Welt sind hellrot, fast durchsichtig. Die Farben können aber etwas über das Alter verraten: Dunklere, goldene Weißweine sind oft etwas älter, Rotweine bekommen mit den Jahren meistens einen leichten Orangeton an den Rändern.

Jetzt geht's los!

Willi gießt uns allen einen Schluck Weißwein ein und lässt uns mal machen. Also gucken, dezentes Schwenken und dann die Nase reinhalten. Wir konsultieren alle unser inneres Aromarad und schon kommen die Ansagen: Quitte, Honig, Wachs, Apfel. Lotte verblüfft uns mit »Sauerbraten« und meint damit die Süße der Sauce und den Wacholder im Rotkraut. Willi feiert's. Kelly kommt darauf, dass sie der Geruch auch an die Gegend um den Hauptbahnhof in Köln im Karneval erinnert. Willi feiert's auch. Alle finden den Geruch ziemlich komplex, vielfältig, was laut Willi schon mal ein gutes Zeichen für eine hohe Qualität ist.

Nach dem Nasencheck nehmen alle ein Schlückchen. Hmm, ja, ganz nice, denke ich, mit viel Körper und eher lang im Abgang. Willi nickt die ganze Zeit lächelnd. Alle sind ein bisschen nervös, ist ja Premiere. Was wir da im Glas haben? Einen Chablis, der im Lokal gern auch mal 600 Euro kostet. Ohaaaa! Aber jetzt kommt's. Willi: »Ihr wärt klasse Kunden für mich, euch würde ich also diesen Wein verkaufen können.« Alle so: »hmm, ja, okay?«

Willi: »Ist das nicht auch so ein fieser Geruch und Geschmack nach feuchter Pappe?« Wir probieren alle noch mal. Ja klar, jetzt, wo er es sagt, schmecke ich ebenfalls Kellys Kölner Hauptbahnhof. Willi: »Der Wein

KORKT – den habe ich hier hinter der Theke seit ein paar Wochen stehen, weil es der krasseste Korkfehler ist, den ich je gerochen hab.« Düdümm. Ein klassischer Schlögl: direkt mal beim ersten Wein eine Falle gestellt, Klar, Geruch und Geschmack waren ziemlich komplex, aber nicht unbedingt im guten Sinne.

Und warum hat Willi uns das zum Trinken gegeben? »Ihr müsst euch trauen, es zu sagen, wenn euch was komisch vorkommt!« Oft ist es ja so, dass man sich so was nicht in einem schicken Lokal zu sagen traut. Aber wenn es so offensichtlich ist wie hier, dann sollte man das unbedingt tun und die Flasche zurückgehen lassen. Er gibt uns dann auch noch einen Tipp: Wenn man sich nicht sicher ist und Geschmäcker verstärken will, auch schlechte, dann einfach den Wein mit Mineralwasser aufgießen. Dann kommt auch der Kork richtig fett raus. Und umgekehrt bedeutet das: Eine Schorle sollte man auch prinzipiell nur mit gutem Wein zubereiten, weil die Kohlensäure eben den Geschmack des Weins hervorhebt. Deswegen gibt's bei Willi auch nur guten Wein im weißen Spritzer.

Ganz in Weiß

Okay, beim nächsten Glas sind wir mehr auf der Hut. Es gibt einen Riesling. Wir sind uns einig: viel Säure, ein bisschen spitz, ein bisschen rauchig und deutliche Fruchtaromen nach Apfel und Birne. Insgesamt ein voller Körper und der Geschmack bleibt lange im Mund. Alle sind ganz happy mit dem Wein, besonders als sie den Winzer googeln, der einfach unfassbar schön ist. Auch wichtig. Und weiter geht's: ein Grauburgunder von der Achkarrer Winzergenossenschaft, frisch aus dem Rewe am Hauptbahnhof. Will sagt ja immer über Grauburgunder: »Mögen viele, tut keinem weh. Braucht auch keiner.« Aber so richtig schlecht ist der gar nicht, in der Nase ein Tick Gletschereis-Bonbons, aber auch grüner Apfel und Birnen, alles im Haribo-Style und ein bisschen künstlich. Sehr plakativ, könnte aber schlimmer sein. Am Gaumen dann wieder das Gletschereis-Bonbon, irgendwer sagt auch DIXI-Klo, sehr wenig Körper, der Geschmack ist schnell weg. Willi ist ganz eindeutig mit seinem Jein: »Kann man mal trinken, wenn nichts anderes da ist, muss man aber nicht.«

Mit einem Chardonnay folgt die vermutlich am meisten angebaute Weißwein-Rebsorte weltweit. Die Farbe ist ein bisschen dunkler als beim Vorgänger. Die Nase ist sehr zurückhaltend, umso mehr muss man die

Vorstellungskraft bemühen, weil einen hier nichts anschreit. David kommt mit seiner Geschmacksbeschreibung aus dem Nichts: »Babybrei Karotte.« Laut Willi sehr gut erkannt. Typisch für einen solchen Wein sind Aromen von Dosenmöhren, Dosenmais, Vanille, Karamell, Butter, also alles etwas süßlich. Hinzu kommt ein leicht herber Ton nach Holz, in dem der Wein ausgebaut wurde. Insgesamt chillig.

Wie ein etwas komplexerer Weißwein schmeckt, zeigt uns Willi dann mit einem Sauvignon Blanc von Tement (Shoutout, Folge 15!). Inzwischen trauen sich alle, irgendwas zu sagen. Kelly: »Gras!« Johna: »Brennnesseln!« Lotte: »Stachelbeere!« Aber auch: »Tomaten«, und, tadaa!: »Katzenpisse«. Sobald das einer gesagt hat, riechen es alle. Im Mund dann Säure, aber nicht zu viel, und irgendwie zitronig. Zitrone kommt laut Will oft von kalkhaltigen Böden. Das glauben wir ihm mal. Ja, der Wein hat Charakter, da ist nichts wischiwaschi. Noch mal zur Katzenpisse: Das habe ich inzwischen beim Podcast gelernt, dass es in Wein oft Gerüche gibt, die dirty sind, Katzenpisse, Kuhstall, vergessene Klamotten in der Sporttasche, you name it. Das Verrückte ist, dass das nicht eklig sein muss, obwohl es sich so anhört. Also, keine Angst, solche eigentlich Igitt-Aromen als solche wahrzunehmen, zu benennen und den Wein trotzdem gut zu finden. Das macht euch nicht zu perversen Fetisch-Freaks. Also nicht automatisch. Lol.

Bitte kein Bonanza!

Wir steigen auf Rotwein um, was besonders Fritz freut, der eigentlich keinen Weißwein mag. Wie jedes gute Gespräch über Rotwein beginnen auch wir mit den großen Classics der Weinhistorie: Sangria, Tinto de Verano (Rotwein mit Zitronenlimo), Bonanza oder Kalte Muschi (Rotwein mit Cola). Ja ciao.

Wir probieren als Erstes einen Rotwein von Lars Weninger, Blaufränkisch die Rebsorte, natürlich, ist ja Willi. Wir merken gleich, dass hier ganz andere Assoziation kommen als bei den bisherigen Weißweinen. Wir reden von Zartbitterschokolade, Lakritze, schwarzen Johannisbeeren. Klar ist für uns, dass der Wein sehr trocken ist. Lifehack von Willi: »Wenn ihr in einem Restaurant einen Rotwein bestellt, müsst ihr nicht trocken dazusagen, weil 98 Prozent der Rotweine trocken sind. Da, wo es süße Rotweine gibt, werdet ihr hoffentlich nicht essen gehen.« Ja, Willi, aber die verrücktesten Sachen passieren ja manchmal. Du musstest neulich auch mit der zweiten Klasse Bahn fahren, hast du das Trauma überwunden?

Dann wird natürlich das Thema Tannin diskutiert. Also das, was den Mund so zusammenzieht, die Zunge trocken macht, bisschen pelzig, ihr wisst. Das sind Stoffe aus den Schalen, Kernen und Stielen der Trauben. Wahrscheinlich neben der Temperatur (30 Grad warmer Rotwein von neben dem Pizzaofen, siehe auch Kapitel »Anleitung zum Weinsaufen in 10 Schritten«, Schritt 3) der häufigste Grund für viele Anfänger, Rotwein nicht zu mögen. Willi weist uns darauf hin, dass es sich um einen gereiften Wein handelt, der 2005 abgefüllt wurde. Nicht schlecht, mit fast 20 Jahren echt noch fresh.

Es geht weiter mit einem Pinot Noir von Christmann (checkt Folge 19 mit Sophie und Steffen Christmann). Der Wein ist heller im Glas als sein Vorgänger, hat weniger Gerbstoffe, schmeckt nach roten Beeren und hat einen langen Abgang, nicht so kräftig und schon gar nicht schwer. Für Fritz ist der Wein nicht rund und voll genug – man merkt hier schon Gewöhnungseffekte an das, was Fritz sonst so trinkt. Das ist beim Weintrinken und -entdecken vielleicht der entscheidende Faktor: Wie sehr bin ich in der Lage, mich auf etwas einzulassen, obwohl es anders ist als das, was ich kenne? Jetzt, wo ich das schreibe, merke ich: Das ist eigentlich auch für alles andere im Leben wichtig. Gehen wir jetzt nicht weiter drauf ein, wir sind ja hier nicht bei Facebook.

How sweet it is …

Jetzt was ganz anderes: Süßwein beziehungsweise eine Beerenauslese. Sweeeet! Solche Weine werden oft aus Trauben hergestellt, die mit Edelfäule befallen sind, wie das an warmen und feuchten Orten passiert, etwa am Neusiedler See, wo auch dieser Wein herkommt. Die Edelfäule, ein Schimmelpilz, entzieht den Trauben das Wasser. Sie werden schon an der Rebe zu kleinen Rosinen, dadurch wird alles konzentrierter: die Frucht, die Säure, der Zucker, aber auch die Salzigkeit. Der Geschmack erinnert an gebrannte Mandeln. Bei diesem Wein sagen alle »wow!«. Es fallen Worte wie »Guglhupf«, »Rosinen«, »Honig«, »Schwarzbrot mit Honig«, »Malaga-Eis«, »Maracuja«. Ein ganz eigener starker Geschmack, nice nach dem Essen statt Nachtisch. Ein Dessert in flüssig.

Und damit geht es gleich zum Portwein weiter. Portwein ist mit Brandy gespritteter Wein, also quasi Wein mit Schnaps, Jägerbomb original sozusagen, lol. Gehört eigentlich gar nicht mehr zu einem klassischen Wine-Tasting, aber trotzdem megaspannend. Ist yummy, höher im

Alkoholgehalt und brennt nice die Speiseröhre runter. Wer sich beim Portwein ein bisschen reinfuchsen will, sollte sich unsere Podcast-Folge mit dem deutschen Portwein-Papst Johannes King anhören.

I want Bubbles!

Bubbles als Blindverkostung. Oha, mal gucken, ob Willi den Krug auspackt! Haha, nein. Aber der Adrenalinpegel steigt, bei jeder Blindverkostung kommt Profis wie Amateuren gleichermaßen nackte Versagensangst. Aus zwei mit schwarzem Tuch verhüllten Sektflaschen perlt die goldene Flüssigkeit in unsere Gläser. Nun ist die große Frage: Was ist im jeweils linken und rechten Glas drin? Rechts blubbert es stark mit großen Bubbles, aber auch nicht lange. Wir starten rechts. Kelly riecht daran und ist wieder am Kölner Hauptbahnhof zu Karneval (vielleicht ist das einfach ihr Ding?), David riecht Edleres wie Muskatnuss, Lotte eher Klostein, Johna findet es ziemlich süß, als sie probiert. Und Lotte murmelt: »Das kenn ich doch von irgendwoher ...« Das ist bestimmt nicht der Supersekt, aber schlecht findet ihn niemand. Ich auch nicht. Kann man saufen.

Dann zum zweiten Glas: Da sprudelt es intensiv vor sich hin, das sieht nice und lebendig aus, auch fünf Minuten nach dem Eingießen noch. Und an der Nase ist das schon erheblich feiner als Kandidat eins. Der Sekt duftet nach Nuss, Hefe, Melone, Birne. Ja, das kapieren wir alle, das ist schon eine andere Liga, besonders wenn man den Sekt trinkt. Das Perlen macht einem so richtig die Geschmacksknospen auf. Und was ist das nun? Deutscher Winzersekt von Griesel an der Hessischen Bergstraße. Definitiv besser als der erste. Und was war der erste? Rotkäppchen extra trocken. Oha! Für Willi ein No-Go, für uns aber zum Wegballern eine Option. Ist doch so: Wer noch nie Rotkäppchen getrunken hat, war nie jung. Nummer zwei ist dagegen richtig gut. Kann man sich gönnen.

Never-ending Story

Und damit sind wir auch schon durch. Die Sonne ist draußen untergegangen und wir merken, dass wir doch meist vergessen haben zu spucken. Wir sind ja auch nicht blöd. Alle fanden es ziemlich geil, mal zu versuchen, über Wein zu sprechen, die richtigen Worte zu finden. Nicht weil das dann alle gleich sehen (nope) oder man immer nur Zustimmung bekommt (Doppel-Nope), sondern weil man sich selbst klarer wird, was einem an einem Wein gefällt und was nicht. Die eine mag Karamell, Früchte oder Zartbitterschokolade und ein anderer findet Weißwein chillig, der dir den Belag von den Zähnen ätzt. Und auch so Worte wie »Katzenpisse« eignen sich dazu, einen Geschmack zu beschreiben, ohne dass das abwertend gemeint sein muss.

Ich finde es inzwischen echt cool, wenn man so ein kleines Grundvokabular am Start hat, das man dann mit jedem weiteren Wein ausbaut. Ist ja wie bei bei der Musik: Man setzt auf vorhandenen Erfahrungen und Standards auf und gibt dann immer was Freshes, Unerwartetes dazu. Eine never-ending story. Wie Willi schon mal sagte (und ich auch schon zitiert habe): Man kann nicht alle Weine der Welt trinken – aber man kann es probieren. Das Ganze macht natürlich noch viel mehr Spaß, wenn man es mit anderen teilen kann, dazu gehört aber auch ein gewisser Wortschatz, sonst sitzt man stumm nebeneinander an der Theke.

Die patentierten Willi-Schlögl-Aromaräder®

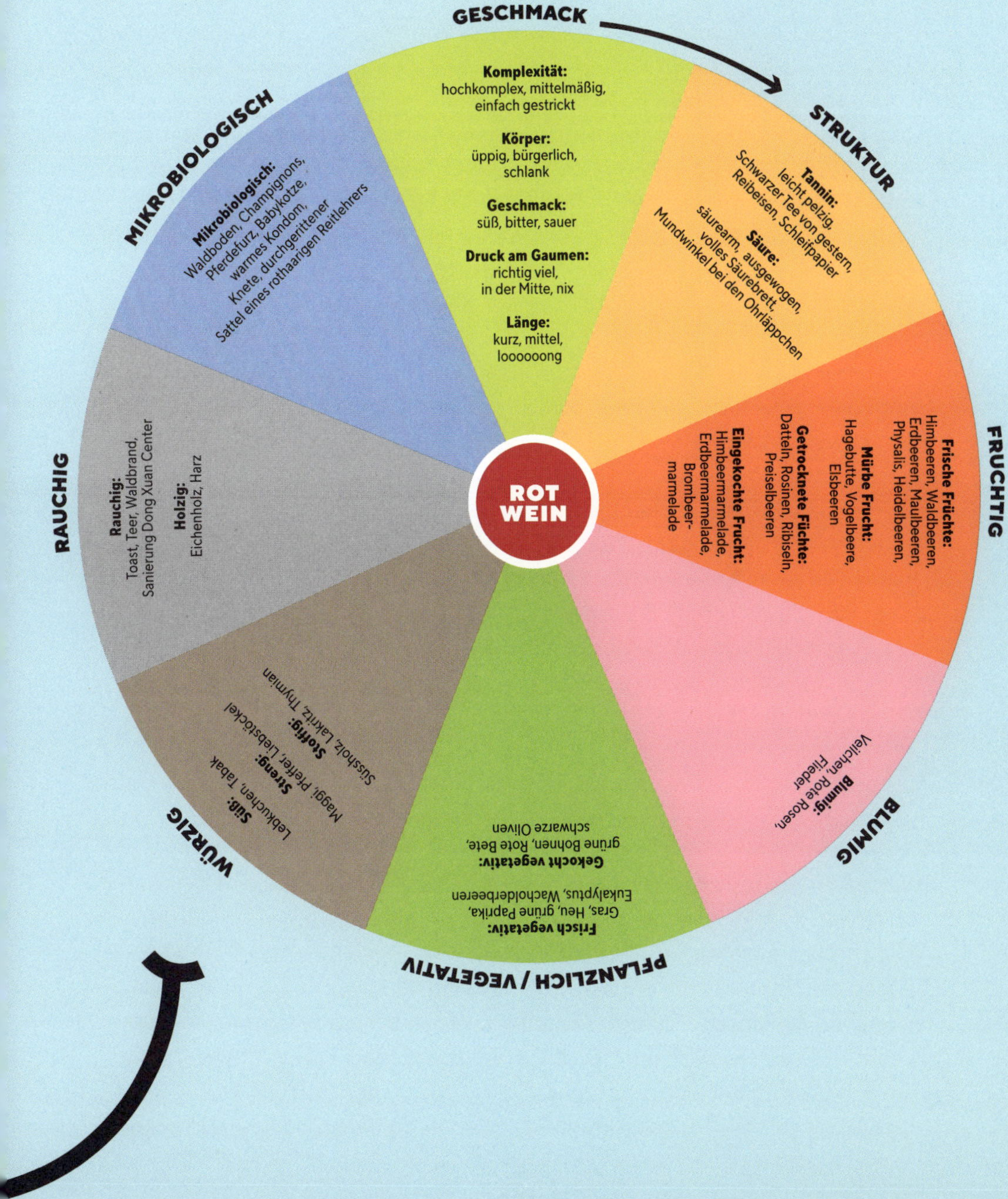
GESCHMACK
Komplexität:
hochkomplex, mittelmäßig, einfach gestrickt
Körper:
üppig, bürgerlich, schlank
Geschmack:
süß, bitter, sauer
Druck am Gaumen:
richtig viel, in der Mitte, nix
Länge:
kurz, mittel, loooooong
STRUKTUR
Tannin:
leicht pelzig, Schwarzer Tee von gestern, Reibeisen, Schleifpapier
Säure:
säurearm, ausgewogen, volles Säurebrett, Mundwinkel bei den Ohrläppchen
FRUCHTIG
Frische Früchte:
Himbeeren, Waldbeeren, Erdbeeren, Maulbeeren, Physalis, Heidelbeeren,
Mürbe Frucht:
Hagebutte, Vogelbeere, Elsbeeren
Getrocknete Füchte:
Datteln, Rosinen, Ribiseln, Preiselbeeren
Eingekochte Frucht:
Himbeermarmelade, Erdbeermarmelade, Brombeermarmelade
BLUMIG
Blumig:
Veilchen, Rote Rosen, Flieder
PFLANZLICH / VEGETATIV
Frisch vegetativ:
Gras, Heu, grüne Paprika, Eukalyptus, Wacholderbeeren
Gekocht vegetativ:
grüne Bohnen, Rote Bete, schwarze Oliven
WÜRZIG
Süß:
Lebkuchen, Tabak
Streng:
Maggi, Pfeffer, Liebstöckel
Stoffig:
Süssholz, Lakritz, Thymian
RAUCHIG
Rauchig:
Toast, Teer, Waldbrand, Sanierung Dong Xuan Center
Holzig:
Eichenholz, Harz
MIKROBIOLOGISCH
Mikrobiologisch:
Waldboden, Champignons, Pferdefurz, Babykotze, warmes Kondom, Knete, durchgerittener Sattel eines rothaarigen Reitlehrers
ROT WEIN

Die Zerstörung: Sag Ciao zu drei Weinmythen

Guter Wein muss trocken sein

Nope. Muss er nicht. Es gibt fantastische Weine mit viel oder nur einem klitzekleinen bisschen Süße. Hast du schon mal von diesem sagenumwobenen „Kabi" gehört? Riesling Kabinett? Das ist Curlys Lieblingswein und Deutschlands größte Geheimwaffe – weil es das wirklich nur hier gibt. Schmeckt ein bisschen wie Fanta. Aber auch anderswo gibt es tolle Süßweine, in Österreich, Frankreich oder Ungarn. Man kann sie als Aperitif oder als Speisebegleiter trinken, nicht nur zu Desserts. Ein leicht restsüßer Riesling zu scharfem Sichuan-Chicken? Das Beste! Shoutout an Frau Wu im Da Jia Le, beste Sichuan-Küche Berlins. Auch perfekt: Ein leicht gereifter Kabinett nach einem ausgedehnten Essen. Damit kann man sich nüchtern trinken – genial, ist ja fast kein Alkohol drin. Was allerdings ein ganz bedauerlicher Trend ist, sind Rotweine, die zunehmend süßer gemacht werden, obwohl sie eigentlich in der trockenen Liga spielen sollten. Looking at you, Appassimento – der HuSo des Weins. Im Prinzip funktioniert der Restzucker hier wie ein Geschmacksverstärker, ein künstlicher Aufhübscher, der spätestens nach dem zweiten Glas, eigentlich schon nach dem ersten Schluck, eklig und pappig ist. Wer jetzt kommt mit „Erlaubt ist, was schmeckt!", dem rufen wir entgegen: „Woher weißt du, was schmeckt?" Wenn du einfach immer nur Junkfood bekommst, dann gewöhnst du dich halt dran. Klar, trink weiter was du willst, aber hau ab aus unserem Buch.

Rotwein nur im Winter

Wer nur fette, alkoholreiche Rotweinbomben trinkt, am besten noch 25 Grad warm, wird zum Schluss kommen: Rotwein = Winterwein! Aber wisst ihr, was? Es gibt tolle, leichte und frische Rotweine, die sich etwas gekühlt hervorragend im Sommer trinken lassen. Schön auf 14 Grad runter, njam, njam, schlabber, schlabber. Toller Nebeneffekt: Diese Weine haben auch wenig Alkohol, es gibt sie zwischen 11 und 12,5 Volumenprozent (Vol.-%). Perfekt für den Aperitivo in der sich neigenden Sonne, und natürlich auch zum Essen. Aus Österreich gibt es hervorragende Sachen, natürlich aus dem Burgenland, ein echter Klassiker ist das französische Beaujolais (aber nicht nouveau oder primeur, das ist Schrott!) und ganz krass im Kommen ist Spanien, zum Beispiel die Regionen Ribeira Sacra, Teneriffa oder Mallorca. Oder natürlich: ein guter Trollinger aus Württemberg! Probiert mal so was. Wir haben alle diese Freunde, die sagen: »Ich mag keinen Rotwein!« – Na dann, jetzt schon.

Guten Wein gibt's billig

Hier muss man zunächst mal darüber reden, was »billig« bedeutet. Das ist ja für jeden anders, je nach Budget. Allerdings gibt es Preisgrenzen, unterhalb derer einfach bestimmte Sachen nicht möglich sind. Genauso wie ein Brathähnchen für 1,50 Euro nur unter den furchtbarsten Bedingungen für alle Beteiligten produziert werden kann, so ist Wein unter einer bestimmten Grenze einfach Industrieabfall. Wo diese Grenze liegt, hängt aber auch von der Region ab. In einem warmen, trockenen Land mit niedrigen Arbeitslöhnen (ein oft unterschätzter Aspekt) kann man billig noch halbwegs Qualität in die Flasche bringen, weil es kaum Schädlinge gibt, gegen die gespritzt werden muss. In einem Hochlohnland im Norden mit (na ja, früher mal) viel Regen ist das was anderes. Insofern gibt es keine allgemeingültige Preisgrenze, ab der der Spaß langsam losgeht. Ein Richtwert könnte sein, dass man einen halbwegs vernünftigen Wein aus Südeuropa ab circa fünf oder sechs Euro bekommen kann, und Weine aus Nordeuropa ab acht oder neun. Was auch wichtig ist: Es gibt Prestige-Weinregionen, die ausgesprochen teuer sind, zum Beispiel Bordeaux oder Burgund. Hier muss man ganz andere Mindestpreise kalkulieren. Nicht weil der Wein sonst ungesund ist, aber weil es zum Beispiel einfach Quatsch ist, einen Wein aus Burgund für zwölf Euro zu kaufen. Das ist für Burgund viel zu billig, Erwartungen werden enttäuscht (Oha! Aus Burgund!) und von woanders bekommt man für 'nen Zwölfer schon was richtig Gutes.

Bonusmythos »Sommeliers sind arrogante Penner«: Sind sie nicht, also zumindest manchmal. Nein, Spaß beiseite: Wenn ihr nett fragt, euch unterhalten oder beraten und nicht mit gefährlichem Halbwissen posen wollt, dann sind Sommeliers und Sommelières fast immer zuckersüß und hilfreich.

Bonus-Bonusmythos »Das mit dem Löffel in der Champagnerflasche ist Quatsch«: Genau, der Trick mit dem Löffel in der Sekt- oder Champagnerflasche, um die Bubbles drin zu halten, ist Quatsch. Warum? Weil's einfach so ist. Kompletter Nonsens.

4

Willi

der Weinflüsterer

Willi's *Golden* Rules

1. Geh nie ohne Flaschenöffner aus dem Haus.

2. Sei nicht schlauer als der Wirt.

3. Keine Verkostung ohne Intro und Outro: Schaumwein davor und Süßwein danach.

4. Fang bei Verkostungen immer mit dem guten Zeug an. So erreichst du dein Ziel: mehr guten Wein trinken.

5. Stell Fragen – und hinterfrag und auch deinen eigenen Geschmack. Wenn du nach zwei Jahren immer noch das Gleiche trinkst, stimmt was nicht.

6. Immer viel Wasser trinken.

7. Aviniere* immer dein Glas, bevor du Wein einschenkst – du willst nicht, dass Wein nach Poliertuch riecht und schmeckt.

8. Im Zweifelsfall verlass dich auf die drei großen Bs: Bordeaux, Burgund und Burgenland.

9. Weißer Spritzer rules!

10. Auch gegen Kater hilft am besten ein Konterspritzer (besser als Bier).

*avinieren: kurz etwas Wein im Glas schwenken und den Wein wegschütten

Willi: Straight from Oberlungitz

Ich bin sozusagen im Wirtshaus aufgewachsen, in Oberlungitz, einem österreichischen 288-Seelen-Dorf, eine halbe Stunde von Graz entfernt. Meine Eltern hatten dort ein großes, klassisches Ausflugsgasthaus mit fast 300 Sitzplätzen. Wir hätten das ganze Dorf auf einen Schlag bewirten können. Irgendwann wurde aber auf dem Dorf immer weniger getrunken und auch die Zahl der Ausflügler ging zurück. Und so übernahmen meine Eltern das Mittagsgeschäft in zwei OBI-Märkten. Schön für die Mitarbeiter dort, aber unser eigenes Gasthaus war in der Folge nur noch an Wochenenden geöffnet. Für mich kam nie infrage, das Wirtshaus zu übernehmen, denn ich wollte nicht mein Leben lang in Oberlungitz bleiben. Ich war schon als Jugendlicher oft zum Skaten in der nächstgrößeren Stadt (Hartberg, und bevor ihr fragt: die nächstgrößere Stadt von Hartberg ist Graz). Mein anderes Ding war Fußball. Ich peilte eine Zeit lang sogar eine Fußballkarriere an. Aber gut, welcher Bub tut das nicht mit 14? Eine halbe Saison spielte ich bei Sturm Graz in der Jugend, aber mehr wurde aus der ganzen Sache nicht. Am Ende kam es, wie es kommen musste: Gastronomie war meine Bestimmung!

Ohne »nach Hause kommen«

Wenn man sich für so einen Beruf interessierte, gab es bei uns dafür zwei Hotelfachschulen, die eine »mit nach Hause kommen« in Oberwart und die andere in Bad Gleichenberg, als Internat, also »ohne nach Hause kommen«. Eine Privatschule mit Anzug tragen und so. Ich kapierte schon mit 14, dass ich die Matura (Ösi für »Abitur«) nur schaffe, wenn ich aufs Internat gehe. Warum? Sagen wir mal so: Ich war leicht abzulenken. Belassen wir es dabei. Also ging ich ins Internat und bereute es nicht. Ich lernte dort drei meiner bis heute besten Freunde kennen. Wenn wir uns sprechen oder sehen, ist es so, als hätten wir uns am Vortag das letzte Mal getroffen. Kein Wunder – wenn man im Alter von 14 bis 19 mit drei Typen in einem Zimmer wohnt, erlebt man alles mit denen. Wirklich alles. Fünf Jahre war ich auf dieser Schule, anfangs eine ziemlich harte Zeit, als mir so richtig bewusst wurde, dass ich jetzt tatsächlich weg von daheim bin. Aber in der Summe war es super, ich lernte elementare Dinge, über die ich heute das Coaching-Buch »Die Willi-Schlögl-Siegerformel« schreiben könnte:

Klar gab es da auch Schattenseiten. Was die Älteren den Jüngeren im Internat antun, ist manchmal schon arg, ihr kennt's aus Filmen und könnt's euch vorstellen. Aber: Man macht eben auch besondere Erfahrungen, das schweißt zusammen. Und am Ende hat man Matura und einen erlernten Beruf – ich bin diplomierter Hotel- und Gastronomie-Kaufmann! Der Großteil der Schüler waren reiche Wiener und Steirer, die aus zwei Gründen auf diese Schule geschickt wurden: zur Ruhigstellung und um im Zweifelsfall später einen Betrieb zu Hause zu übernehmen. Aber mir hat das gepasst, ich habe mich ernsthaft für Gastronomie interessiert und mir war schon sehr früh klar, dass es die klassische Gastronomie nicht mehr lange geben wird, etwa das Kellnertum, also die echten Profis, und nicht die Studenten, Influencerinnen und Schauspieler im Nebenjob.

Ein Koffer voller Wein

Im Internat bin ich zum Wein gekommen. Die Eltern meines Zimmerkollegen Matthias besaßen in der Steiermark einen Weingasthof und Matthias hatte immer zwei Koffer dabei: einen mit Gewand (so nennen wir zu Hause Kleidung) und einen mit Wein. Sein Papa gab ihm gute Flaschen mit, Zieregg von Tement, Moarfeitl von Neumeister, Ried Welles von Lackner-Tinnacher. Die ganzen steirischen Sauvignons, also Weine, die echt Geld kosteten. Die haben wir dann gemeinsam gesoffen – Entschuldigung, verkostet. Das musste gut geplant werden – es gab natürlich ein Alkoholverbot im Internat und der Tagesablauf war komplett durchgetaktet. Wir mussten um 18 Uhr beim Abendessen sein, dann konnten wir noch bis 20 Uhr das Schulgelände verlassen, von 20 bis 21 Uhr war Studierstunde und danach Bettruhe. Wenn man sich um 18 Uhr vom Essen abmeldete, blieben zwei Stunden Zeit, um sich zum Beispiel irgendwo vor den Toren des Internats volllaufen zu lassen. Zur Studierstunde bestand Anwesenheitspflicht auf dem Zimmer und man musste am Schreibtisch sitzen. Und dann war offiziell Bettruhe. Ab der neunten und zehnten Klasse durfte man bis 21 Uhr ausgehen, die meisten sind irgendwo in ein Beisl gegangen und haben sich in den zwei bis drei Stunden weggeschossen – mit Bier, Cola-Whiskey oder anderen dubiosen Mixgetränken. Die hatten ihren schlechten Ruf schnell weg. Wir hingegen saßen in der Studierstunde mit einem Zahnputzbecher am Schreibtisch, gaben uns die Kante und waren offiziell die Braven, denn wir meldeten uns nie von irgendwas ab. Keiner checkte, dass unser Zimmer ein einziges Weinlager war. Typisch Internat: dass jeder irgendwie soff, war klar, man durfte sich halt nicht erwischen lassen. Ich habe den Verdacht, dass einige Lehrer in echt gecheckt haben, dass wir Wein bechern wie die Weltmeister, aber sich gedacht haben: »Wie arg ist das für 16-Jährige, dass die sich mit steirischen Lagenweinen zuschütten?« Wir sind damit jedenfalls gut durchgekommen.

Servierunterricht

In der nächsten Klasse gab es dann Servierunterricht inklusive Weinverkostungen. Alle anderen haben nichts geschmeckt, Anfänger halt. Wir, also die Weinzimmer-Gang, probierten den Wein und sagten: »Hmm, das wird wahrscheinlich ein Sauvignon aus der Steiermark sein, eher niedere Qualität.« Und der Lehrer: »Was ist da los? Warum verkostet ihr so gut?« Und dann kam es eben raus, was wir trieben. In der Folge luden wir den

Servierlehrer öfter mal in der großen Pause ins Servierzimmer und verkosteten mit ihm zusammen unsere Flaschen, denn die Lehrer konnten (oder wollten?) sich mit ihren Gehältern solche Weine nicht leisten. Sie freuten sich jedenfalls. Und sie erkannten: Die Burschen haben echt Potenzial, da müssen wir doch was machen! In den frühen Neunzigern hatte es schon mal einen Jung-Sommelier-Kurs an der Schule gegeben, der aber wegen zu wenig Nachfrage eingestellt wurde. Mit uns wurde das Programm reaktiviert: Endlich gab es wieder einen Jung-Sommelier-Kurs an der Schule! Weil wir erst 16 oder 17 waren, mussten unsere Eltern noch unterschreiben, dass wir in der Schule Alkohol verkosten dürfen. Eigentlich ziemlich verrückt alles – aber rückblickend auch sehr zielstrebig.

Write an Essay about Bordeaux

Als ich 18 wurde, wollten meine Eltern mir ein Auto kaufen, aber ich sagte: »Ich hab eine andere Idee – eine Weinverkostung.« Mein Vater fragte: »Was denn für eine Weinverkostung? Die kriegst du zusätzlich, was kann denn das kosten?« Und ich antwortete: »Mehr als das Auto wahrscheinlich!« Es ging um eine 90er Romanée-Conti-Probe beim Meinl am Graben. 2000 Euro hat die gekostet. Das war sehr viel Geld, aber es hat sich voll rentiert. Fand ich.

Nach der Schule wollte ich dann erst mal eine Saison arbeiten. Ich war kurz beim Adi Werner im Arlberg und dann im Jagdhof im Tiroler Stubaital. Ich machte auch ein Praktikum am Wörthersee. In Wien war meine erste Station dann das Hotel Hilton, was mich nicht wirklich weitergebracht hat, obwohl – eigentlich doch: Dort lernte ich Leute kennen, die bei WEIN & CO arbeiteten. Also ging ich zu WEIN & CO und studierte nebenbei an der WSET, The Wine & Spirit Education Trust. Dieses berufsbegleitende Studium war damals in Blöcken organisiert. Wenn man schnell ist, dauert es zwei Jahre. Spoiler: Ich war nicht schnell.

Das WSET ist nicht billig, aber wahrscheinlich die international angesehenste Weinausbildung. Die erste Stufe ist das Diplom, die Krönung der begehrte *Master of Wine*-Titel. Heute gibt es den Studiengang auch auf Deutsch, aber damals nur in Englisch, denn das Headquarter der WSET ist in London. Alles, was wir verkostet haben, mussten wir dann auch auf Englisch beschreiben. Und wer glaubt, hier ging es nur um Stichworte oder

Multiple Choice: no, Sir! Vielmehr hieß es zum Beispiel: »Write an Essay about Bordeaux.« Dabei war nicht nur der Inhalt wichtig, sondern auch Stil, Form und Quantität: »Write 800 words.« Das bedeutete: 150 Wörter Einleitung, dann Hauptteil mit 400 Wörtern, dann Schluss, Conclusio (alle Zahlen aus der Erinnerung ohne Gewähr, wie Lotto). Zu 50 Prozent wurde hierbei der Schreibstil bewertet. Für mich war das alles andere als optimal, denn Schreiben gehört nicht zu meinen Kernkompetenzen. Wie ihr vielleicht schon gemerkt habt – aber jetzt haben wir halt 'nen Buchvertrag. Tja, WSET.

Bei den Praxistests war ich hingegen gut: Die Prüfung, bei der fast alle scheitern, nämlich zwölf Weine blind zu verkosten, habe ich mit Auszeichnung bestanden – »passed with merit«.

So, und jetzt wird es Zeit für das schockierende Geständnis: Das Studium als Ganzes habe ich nicht abgeschlossen. Ich bin bei der Theorieprüfung dreimal durchgerasselt, schließlich sagte ich mir: »Ach, ihr könnt mich mal.« Das war auch kein großes Thema, denn ich hatte inzwischen bei WEIN & CO die Barleitung übernommen und 14 Mitarbeiter unter mir – dazu brauchte es kein WSET-Diplom. Als beste aller Ausbildungen entpuppte sich die Freundschaft zu einem ganz besonderen Menschen, der genau zu dieser Zeit in mein Leben trat: Hans Martin Gesellmann. Hans Martin, ich habe es dir schon oft gesagt, aber hier muss es einfach auch schwarz auf weiß hin – von dir habe ich unendlich viel gelernt, ohne dich kein Willi, wie es ihn heute gibt.

Aber zurück nach Wien. Das Wein-Ding wurde viel mehr als ein Job, denn ich ging so richtig auf in der Szene. Ich lernte Wein-Cracks kennen, kam in die interessantesten Kreise, konnte super Weine verkosten. Ich verdiente damals direkt ziemlich gut und investierte das Geld gleich wieder ins Weinverkosten im Steirereck oder im Meinl am Graben.

Are you going to San Francisco?

Ich hatte keine Flowers in my Hair, sondern war voll auf Wein fixiert und hatte große Pläne: Ich wollte unbedingt nach San Francisco ins RN74, das war damals DAS Burgunder-Lokal schlechthin. Wollen wir hier kurz Podcast spielen und Curlys Weinwörterbuch einbauen? Okay!

DINGDONG

Curly: »Curly – Wein, das Wörterbuch. **RN74,** die Kult-Weinbar in San Francisco, wurde 2009 von Michael Mina und Raj Parr gegründet. Ihr Name bezieht sich auf die französische Landstraße Route Nationale 74, heute D 974, die die gesamte Côte d'Or im Burgund durchläuft und Chassagne-Montrachet im Süden, Beaune in der Mitte und Dijon im Norden verbindet. Von ihr aus sieht man sämtliche großen Weinberge des Burgund, sie wird deswegen auch Route des Grands Crus genannt.«

DINGDONG

Danke, Curly! Also, ich fragte einen österreichischen Importeur, den Herrn Kracher, der viel mit dem RN74 arbeitete, ob er mir eine Brücke zu Parr und Mina bauen könnte. Ja, konnte er. Und dann ging es sehr schnell: Sie sagten mir eine Stelle als Sommelier zu, ich unterschrieb den Arbeitsvertrag und erzählte überall in Wien herum: »Geil, ich gehe jetzt in die USA, ciao!« Ich verkaufte das Auto, kündigte Wohnung und Job. Und dann marschierte ich fröhlich zur Botschaft und sagte zu dem Beamten: »Ich brauche ein Visum.« Darauf er: »Kein Problem, aber halt nur für sechs Monate.« Ich: »Wie, für sechs Monate? Mein Arbeitsvertrag geht über 18 Monate!« Er: »Ja, das geht nicht, du musst zweimal ein sechsmonatiges Visum beantragen und zwischendurch immer ausreisen, damit du dann, wenn es super läuft, das Visum bis auf 18 Monate verlängert kriegst.« Was für ein Scheiß.

Tja, das war's dann – die Chefs vom RN74 wollten sich darauf nicht einlassen, zumal die Leute für einen Job als Sommelier bei ihnen Schlange standen.

Weil aber in Wien schon alles gekündigt war, musste ich weg aus der Stadt. Bleiben und wieder von vorne anfangen? Keine Chance.

Die Rettung erfolgte durch einen Retter, genauer gesagt: Gerhard Retter. Er holte mich in die Fischerklause am Lütjensee, ein Ausflugslokal in der Nähe von Hamburg mit einem Gästedurchschnittsalter von, na ja, hoch. Aber die Weinkarte war super und das Lokal lag idyllisch am See. Reicht doch, oder? Vor allem passierte hier etwas, das mich als Sommelier-Willi letztlich in den Unternehmer-Willi transformierte: In der Fischerklause lernte ich Christof Ellinghaus und seine Frau Gudrun kennen. Das charismatische Paar – er: weinverrückter Indie-Plattenfirmenchef, sie: Architektin, Ingenieurin, Mediatorin, Psychologin und bestimmt noch mehr – trank sich eines schönen Abends durch unsere Blaufränkisch-Fasching-Vorräte. Eins kam zum anderen, ich weiß nicht mehr, wer den Satz als Erster sagte: »Dann lass uns doch 'ne Weinbar zusammen machen.« Deutsche und österreichische Weine. Und Gerhard rief, schon leicht angeschickert auf dem Weg zum Klo über die Schulter: »Und wir nennen sie Cordobar, wegen Fußball, WM 1978 in Córdoba, Österreich-Deutschland, versteht ihr?« Wir verstanden. Und waren on fire. Zumindest an dem Abend. Denn eigentlich hatte ich meine tiefe Überzeugung nach wie vor, jetzt kann ich's ja sagen: »Bevor ich nach Berlin gehe, schieße ich mir ins Knie!«

Ausgerechnet Berlin!

Denn nach Deutschland wollte ich sowieso nicht, aber schon gar nicht Berlin! Doch wie es eben so ist: Mal ein Wochenendausflug in die deutsche Hauptstadt, mal nett essen gehen hier und da, und schwupps, bewarb ich mich auch schon im Berliner Restaurant Horváth. Wo man mich nicht nahm. Also schaute ich mir noch ein paar andere Lokale an. Los ging es dann mit dem ersten Berlin-Gastspiel im Adlon, auf der Rückseite des Hotels, wo ich das Lokal Le petit Felix als Restaurantleiter und Sommelier übernahm. Ein Klubrestaurant mit klassisch gedeckten Tischen und Roederer-Champagner.

Und wieder redeten wir – Christof, Gerhard, ich – über unsere Schnapsbeziehungsweise Weinidee Cordobar. Bis Christof plötzlich die Immobilie gefunden hatte. Und wir es einfach taten.

Am 4. September 2013 sperrten wir den Laden mit einer großen Eröffnungsparty auf. Die Cordobar schlug ein wie eine Bombe. Ruhm, Awards, vor allem aber jede Nacht volle Attacke an der Theke und den Tischen. Manchmal auch auf der Theke oder unter den Tischen. Ich werde oft gefragt: »Warum gibts die Cordobar eigentlich nicht mehr?« Lasst es mich mal so ausdrücken: Stellt euch eine Boygroup bestehend aus drei Alphatieren vor, deren erste Single in den Charts direkt auf Nummer eins geht und die von dem Moment an ununterbrochen auf Tour ist. Wie oft und wie lange meint ihr, dass das gut geht? Eben. Aber die guten News: Wie bei jeder Boygroup kommt nach der schmutzigen Trennung auch die Super-duper-Reunion-Tour. Wir alle haben uns inzwischen nach ein paar Jahren wieder eingekriegt und verstehen uns leiwand. Mal schauen, was hier noch alles kommt!

Aber zurück zur Story: Cordobar-Ende, Armageddon, alles in Trümmern, was nun? Irgendwie hatte ich Blut geleckt und wollte nicht mehr woanders als in meinem eigenen Laden arbeiten. Aber woher nehmen? Wie bei Curly (lest ihr später noch im Kapitel »BERLIN Nightlife«) spielte auch bei mir das berüchtigte Grill Royal eine Rolle, in Form seiner Chefs Stefan Landwehr und Moritz Estermann. Landwehr fand ich auf seine freakige Art immer schon lustig – und dass er als Podcast-Gast die mit Abstand unlustigste Terroir-&-Adiletten-Folge ever abgeliefert hat, passt irgendwie auch zu ihm und ins Landwehr-Gesamtkunstwerk. Wir fingen also an zu sprechen, hin, her, dies, das – und nach ausgiebigem Flirt landeten wir schließlich zu viert im Bett: Landwehr, Estermann, Schlögl und, tadaa!, Schellhorn. Johannes Schellhorn nämlich, zu dieser Zeit Sommelier des brutalst-lokalsten Restaurants des Universums Nobelhart & Schmutzig. Er auch wie ich Österreicher, und mit neu erwachtem Drang, sein eigener Chef zu werden.

Und so kam es zu dem Ort, der nun, da ich diese Zeilen ins iPhone diktiere, von montags bis freitags, immer von 17 Uhr bis sonst wann unser Zuhause ist: die Freundschaft. Weinbar der Weinbars. Circus maximus. Treffpunkt der Schlauen und Bekloppten.

Über den Namen für die Bar haben wir viel diskutiert. Ich wollte unbedingt was Deutsches, aber »Wirtschaft«, »Kellerwirtschaft«, »Schankwirtschaft« klangen uns zu konventionell. Ich wollte unbedingt einen Namen, der ausdrückt, was wir machen. Weil Schelli und ich uns traditionell und spaßeshalber mit »Freundschaft« grüßen – in Österreich war das der Gruß gegen den Anschluss an Nazideutschland –, schwang da auch was Politisches mit. Ein guter Mix, fanden wir. Und wenn die ganzen Typen, die in Mitte arbeiten und knallhart Geschäfte machen, anschließend in die Freundschaft gehen zum Saufen, dann ist das doch irgendwie nett.

Ein Freund, ein guter Freund

Während ich in der Freundschaft hauptamtlich die Gäste bespaße, macht Schelli neben dem Dienst am Gast noch vieles on top: Logistik, das Ordern der Weine und die Zusammenstellung der Weinkarte. Außerdem schaut er, dass in der Küche alles passt. Wenn man das Ganze in fancy Titel packen will, wäre Johahnnes der Food & Beverage Director. Und ich? Director of Guest Relations, zu euren Diensten.

Johannes kommt ebenfalls aus einer Gastronomiefamilie. Wer mehr darüber erfahren will, sollte mal unsere Podcast-Folge 46 hören – eine der wildesten, die wir je hatten. Und natürlich Folge 11 mit Johannes selbst. Genau wie ich wollte er aber nicht zu Hause einsteigen und war zwischenzeitlich sogar auf komplett anderen Pfaden unterwegs: für einige Zeit in den USA bei einem Mode-Start-up. Am Ende aber doch der Call of Nature – er ist seinem Interesse für Wein gefolgt und hat sich mit dem ihm eigenen Hang zur Perfektion fortgebildet, bis er schließlich als Exilösterreicher im Nobelhart & Schmutzig für die Auswahl der Weine zuständig war. Und die Weinauswahl ist, zumindest wenn sie mit Liebe gemacht wird, ja auch immer etwas sehr Persönliches: Auf der Weinkarte der Freundschaft finden sich nur Sachen, die wir beide persönlich empfehlen oder auch trinken würden, vom Spritzer bis hin zum Grand Cru.

Wir sind beide Sommeliers aus Leidenschaft. Ihr kennt ja das Klischee: Sommeliers sind arrogant und hochnäsig. Aber ich sage euch eins: Eigentlich ist der Sommelier gar nicht arrogant, sondern höchstens ab und zu genervt von den ganzen Wannabe-Experten. Mir wäre es tausendmal lieber, wenn Leute einfach sagen würden: »Hey, ich kenne mich nicht aus, kannst du mir helfen?« Oder: »Du, ich trinke gerne das und das, was auf deiner Karte geht denn in diese Richtung?« Es gibt natürlich auch Leute, die anders an die Sache rangehen: »Ich trinke gerne das und nichts anderes, und das will ich haben.« Klar, jeder kann bestellen, was er will, aber manchmal frage ich mich, ob die Leute eigentlich ahnen, was sie damit verpassen. Meistens handelt es sich dabei übrigens um Männer – Frauen sind nicht so voreingenommen und haben auch nicht das Bedürfnis, zeigen zu wollen, was sie alles wissen.

Wenn ich einen Wunsch frei hätte, dann wären das nette und coole Gäste (übrigens sowieso 90 Prozent der Leute, und DU gehörst natürlich auch dazu). Nichts liegt uns ferner als elitäres Getue. Wir wollen, dass die Bar

Immer in Kontakt mit ihren Followern: Willi, Johannes Schellhorn, Curly.

PC

ein gemischtes Publikum hat: also keine Reservierungen und genug Weine zu eher moderaten Preisen. Es sollen ja nicht nur Anzugträger mit Platin-Kreditkarten bei uns zum Saufen kommen, sondern auch ein jüngeres Publikum soll sich ans Thema rantrinken können, ohne arm zu werden oder auf irgendwelches Chichi achten zu müssen. Benimmregeln gibt es in der Freundschaft auch nicht: Jede und jeder kann kommen und gehen, wann und wie sie oder er will, außer man weiß sich nicht zu benehmen, da schieben Johannes oder ich schnell den Riegel vor. Aber das machen Stammgäste eh nicht. Also anders als Curly, der sich bei seinem ersten La-Paulée-Weinabend im Grill Royal mit einem der Chefs ... Aber das ist eine andere Geschichte.

Nicht so verkopft

Mit Berlin habe ich inzwischen Frieden geschlossen. Ich kam 2012 in die Stadt und der Winter war eine Katastrophe. Im März 2013 gab es Blitzeis mit minus 12 Grad. Und da wollte ich eigentlich jeden Tag nur weg. Ich habe es gehasst. Ich mochte meinen Job in der Adlon-Holding nicht. Aber – so kennt man mich – ich biss mich durch mit dem Traum, irgendwann eine eigene Bar aufzusperren. Also hatte ich ein Ziel. Und auf einmal war es Sommer und ich merkte: Hey, Berlin ist eigentlich eine geile Stadt. Und dann ging es auch schon los mit der Cordobar. Ich denke bis heute: »Wahnsinn, wie unterschiedlich diese Stadt zu unterschiedlichen Jahreszeiten sein kann!« In Wien ist es immer gleich, da gibt es ein paar schönere Tage und ein paar schlimmere Tage. Aber Berlin ist wie eine andere Welt im Winter.

Ich glaube, die Gastroszene in Berlin entwickelt sich immer noch. Ich bin jetzt gut zehn Jahre hier und finde, dass sich die Qualität zwar nach oben nicht unbedingt zugespitzt hat, sondern eher, dass sich das Angebot aufgefächert hat. Vielleicht sind in letzter Zeit mehr nachhaltige Konzepte am Start, man experimentiert auch nicht mehr ganz so viel, weil man mittlerweile weiß, was man kann, und sich darauf auch verlässt. Trotzdem ist es immer noch eine Spielwiese. Hier in Berlin ist alles nicht so verkopft. Und es ist auch nicht mehr so wie früher, dass jemand vorgibt, was der heiße Scheiß ist – und dann folgen alle. An solche Zeiten kann ich mich noch gut erinnern: Als das Nobelhart & Schmutzig mit seinem wirklich guten Konzept aufgesperrt hat, machten es viele nach und es gab plötzlich lauter brutal regionale Lokale – und das war in der Summe schon ein bissl nervig!

Der Botschafter

Zum Schluss noch eine Klarstellung: Ich bin nicht der Weinbotschafter für die Republik Österreich in Berlin! So sieht mich hoffentlich auch keiner. Wobei ich natürlich finde, dass Österreich ein saucooles Weinland ist. Da gibt es eine sehr große Diversität. Es gibt dort fast alles. Aber ich bin auch ein Riesenfan von Deutschland, weil ... Fußball und Riesling können die Deutschen einfach besser als die Österreicher. Immer wenn ich österreichische Weine probiere, auch wenn es blind ist, erkenne ich das sofort und stets schmeckt es ein bisschen nach Heimat. Ich glaube, wenn du mir einen richtig geilen Burgunder hinstellst, also so einen RICHTIG GEILEN Burgunder, den ich auch sehr gerne trinke, und daneben einen Blaufränkisch, würde ich den Blaufränkisch dem Burgunder vorziehen. Ich weiß nicht, ob das wirklich mein eigener Geschmack ist oder vielleicht ein falsch verstandener Patriotismus. Alle anderen würden natürlich zum Burgunder greifen. Meistens schmeckt mir der Blaufränkisch einfach besser, gerade diese Würze, immer gepaart mit der dunklen roten Frucht, und dann diese Säure und das Rustikale, trotzdem Elegante. Paradoxe Geschichte irgendwie – auch wenn beim Blaufränkisch die einzelnen Komponenten nicht richtig zusammenzupassen scheinen, in der Summe ergibt sich für mich ein super Gesamtbild. Und das fasziniert mich an dieser Rebsorte.

Ihr merkt schon: Ich rede wahnsinnig gern über Wein. Deswegen gibt es ja auch unseren Podcast. Dort wollen wir guten Leuten, die etwas mit Wein zu tun haben, eine Bühne geben. Oft sind das Leute von Weingütern, mit denen ich schon lange zusammenarbeite. Ich will diese Winzerinnen und Winzer aus meiner Sicht zeigen. Denn es gibt da ja immer noch viele Vorurteile. Wir sprechen bei uns im Podcast auch mal drüber, dass zum Beispiel »groß« bei Weingütern nicht immer schlecht und »klein« nicht automatisch gut ist. Für viele muss Wein ja immer so ein romantisches Beiwagerl haben. Jeder stellt sich den Winzer vor mit einem Pferd im Weingarten und es muss alles superschön sein und nichts darf gespritzt werden. Und kaum sind komische Geräte aus Edelstahl dabei, ist es schon wieder abtörnend. Aber so ist die Welt nun mal nicht. Wir wollen die Realität zeigen.

Wein ist ein Riesenkosmos, das ist Fluch und Segen. Im Tresengespräch klingt vieles nach Wissenschaft, was keine ist, und alle werden zu Vollprofis, wenn sie besoffen sind. Aber am Ende geht es halt immer um den eigenen Geschmack. Für mich persönlich gilt: Ich bin ein Fan von authentischen Weinen, die erzählen, wo sie herkommen!

abstechen
Reservierung

5

Terroir mal ganz konkret

WO & WIE

Wein gemacht wird

Meistens eine Reise wert

Willi: Weil ich Weine liebe, die erzählen, wo sie herkommen, will ich da oft auch selber hin. Solche Reisen liebe ich. Zuerst in Büchern und im Internet das Ganze auschecken, dann hinfahren, und wenn du dort im Weinberg stehst, dann verstehst du, warum der Wein von dort so schmeckt, wie er eben schmeckt. Wein ist immer Kultur. Wenn man sich viel mit Wein auseinandersetzt, ist es wichtig zu wissen, warum der Wein aus dieser Gegend kommt und warum er von Haus aus so schmeckt. Jedes Weinbaugebiet oder jedes Weinland hat seine eigene Geschichte oder seinen eigenen Grund, warum Wein dort auf diese Weise produziert wird.

Wenn ich zum Beispiel im Karst in Slowenien bin, dann weiß ich, warum dort Orange Wine gemacht wird. Man versteht es intuitiv – und stellt sich direkt die Anschlussfrage, nämlich warum in Deutschland so was überhaupt versucht wird, wenn es anders als in Slowenien eigentlich keinen Sinn macht. Denn Orange Wine, also ein Weißwein mit Schalenkontakt, der also, wie der Fachbegriff lautet, »auf der Maische« vergoren ist, macht man eigentlich, um dem Wein Struktur zu geben, eine Funktion, die sonst auch die Säure übernehmen kann. Säure gibt es da im Süden wegen Hitze und größerer Reife nicht viel, also ist Schalenkontakt als Ersatz eine gute Idee. Bei uns im Norden ist Säuremangel eigentlich kein Thema, also warum Orange Wine machen? Außer vielleicht bei Grauburgunder, den man so gerade noch retten kann.

Und wie diese Story mit dem Orange Wine, so einen Gedanken und einen Aha-Moment, gibt es viele, die man nur hat, wenn man mit den Leuten vor Ort redet und sich das Ganze genau anschaut. Ich merke mir auch viel mehr, wenn ich es in echt gesehen habe, anstatt zu lesen. Deswegen ist Reisen so wichtig. Und es ist meistens auch nicht ganz schiach dort, wo Wein wächst. Also nicht »nicht schön«, wie man Hochdeutsch sagen würde, und ja, das war eben eine doppelte Verneinung, die müsst ihr jetzt ausknobeln. Eigentlich sind nur zwei Weinregionen schiach, dafür aber auch gleich die bekanntesten: Bordeaux und Champagne, da ist es wirklich landschaftlich uninteressant.

Anders Korsika: Dort bin ich mal drei Stunden über wahnsinnige Serpentinenstraßen gefahren, um zu einem Winzer zu kommen, der auch hier in Berlin gelistet ist. Ich spreche nur fünf Wörter Französisch, obwohl ich es in der Schule gelernt habe. Und der Winzer hat nur Französisch gekonnt, kein Italienisch und null Englisch. Wir haben uns so gut wie überhaupt nicht verstanden. Als ich da rausgegangen bin, hatte ich trotzdem eine Idee davon, was er da macht, wie und warum. Ich glaube, wenn es um eine gemeinsame Leidenschaft geht, findet man immer einen Weg, sich zu verständigen. Du kommst dir vielleicht die ersten zehn Minuten vor wie ein Volltrottel, aber wenn dir jemand was beibringen will und du bemühst dich, es zu verstehen, dann habt ihr eine Ebene und es funktioniert am Ende doch.

Ich würde allen raten, die eine Weinreise vorhaben, dass sie im Vorfeld, mindestens drei Tage vorher, mal anrufen oder mailen: Habt ihr Zeit, können wir einen Termin machen? Habt ihr überhaupt Lust, mich zu empfangen? Und man sollte dann schon gewillt sein, was zu kaufen – also wenn man jetzt nicht aus der Branche ist. Bei mir ist es ja so: Ich kaufe über andere Wege ein oder man kennt mich. Bitte nicht erwarten, dass man da durchgefuttert und durchgustiert wird und das ein Gratis-Wirtshausbesuch ist. Ich glaube, das sollte man nicht verwechseln, so als kleiner Tipp.

Curly: Als wir mal an der Mosel waren, noch lange vor dem Podcast, haben wir ein paar Weingüter besucht und Weinproben gemacht: Bei Nik Weis waren wir, außerdem bei Clemens Busch, Maximin Grünhaus und Fritz Haag. Am ersten Abend bei Nik auf der Terrasse habe ich meine Liebe zu Kabinettweinen entdeckt. Was für eine Nacht – inklusive ein paar Anekdoten, die ich hier nicht schreibe, aber euch erzähle, wenn wir uns sehen. Shoutout an Nik und Dani auf jeden Fall, die mir seitdem immer mal wieder eine Kiste Wein geschickt haben, wenn ich auf Tour war – noch bevor ich ein Wein-Influencer war. Lol. Am nächsten Morgen waren wir dann gleich beim nächsten Winzer, um neun Uhr hatten wir unseren Termin bei Maximin Grünhaus im Keller. Und da stehst du dann völlig verkatert mit diesen Leuten, die alle so frische, kernige Landwirte sind, und fragst dich: Warum zur Hölle tu ich mir das an? Aber dann ist es eben auch doch geil. Bei Maximin Grünhaus war ich zum ersten Mal in einem Weinkeller, einem langen Tunnel mit Riesenfässern, immer tiefer in den Berg rein, wie eine riesige Wein-U-Bahn. Das hat mich richtig geflasht, alles war feucht und schwarz vom Schimmel. Und dann waren wir in diesem Probierraum und ich lernte, dass man halt nicht alles trinkt, dass man spuckt. Was ich trotzdem irgendwie nicht tat, weil mir das irgendwie komisch vorkam. Ich finde es schon ein bisschen nasty, wenn da so sechs Leute in einen Eimer reinrotzen.

Dann sind wir rein in eine G-Klasse und hoch auf den Weinberg, den Abtsberg, das war tierisch steil. Da checkt man dann, wie hart da körperlich gearbeitet werden muss. Am Nachmittag die nächste Station war Clemens Busch, ein Besuch wie bei einem weisen Magier in seinem Fachwerk-Hexenhäuschen. Mit am Tisch saß mit uns außer Clemens eine junge Frau, ich weiß nicht mehr genau, wer, aber sie hat mir von biodynamischer Produktion erzählt. Mit so einer Ernsthaftigkeit, das hat mich echt beeindruckt. Die Winzerinnen und Winzer sprechen mit so einer Liebe von ihrer Arbeit, genau so, als würde ich dir einen neuen Song vorspielen und erklären: »Oh ja, das mit dem Beat habe ich so gemacht und das habe ich mir so vorgestellt ...« Ich sehe da viele Analogien zu meinem Day Job. Man merkt bei unseren Podcast-Gästen auch, dass viele Winzerfamilien gerade im Umbruch sind, dass die junge Generation gerade übernimmt oder mit einsteigt, um schon mal die Übernahme vorzubereiten. Das macht das ganze Thema Wein auch für jüngere Leute noch besser zugänglich, finde ich.

Willi: Egal ob jung oder alt, die Winzerinnen und Winzer sind teilweise schon echte Marketingmaschinen, selbst wenn es niemand zugibt. Das merken wir auch im Podcast. Die meisten spielen die Rolle der Traditionalisten, sie leben das natürlich wirklich, aber betonen es eben auch. Das Marketing funktioniert im Wein ja nicht über das Buchen von Werbekampagnen im TV oder auf Plakaten, sondern darüber, was du den Leuten erzählst über deine Arbeit und deine Produkte. Das ist dann nicht zwingend etwas, was du gleich mit dem Wort »Marketing« verknüpfen würdest, ist es aber trotzdem. Alle, deren Weine wir gerne trinken und verkaufen und im Podcast haben, wissen jedenfalls sehr genau, was sie im Weinberg tun und im Keller, aber viele eben auch im Marketing oder Neudeutsch: Storytelling.

Stellvertretend für unsere vielen Gäste stellen wir euch jetzt mal ein Weingut vor, das ich sehr mag: Schlossgut Diel. Die Weine und auch Caroline als Person sind extrem authentisch, hier ist nichts Show und die Qualität ist seit ein paar Jahren herausragend. Auftritt Caroline und Sylvain!

Curly: Check-in im Schlossgut Diel

Ab in den ICE – wir besuchen ein Schloss. Oder eine Burg. Whatever: Schlossgut Diel in der Weinbauregion Nahe. Wir haben uns selbst für eine neue Podcast-Folge und unser Buch bei Caroline Diel und ihrem Mann Sylvain eingeladen. Dass wir eine besondere Connection haben, wisst ihr:

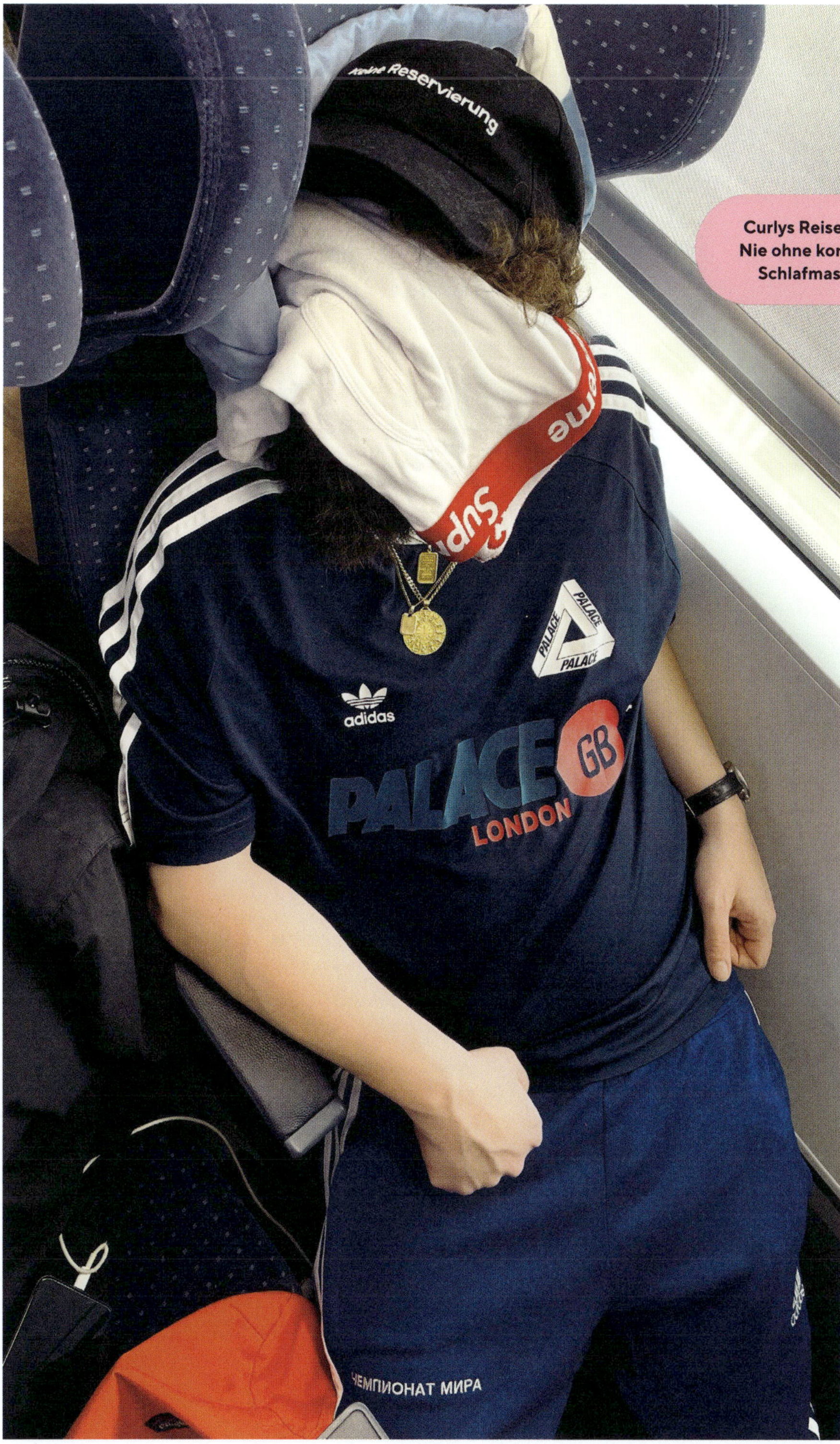

Curlys Reisetipp:
Nie ohne korrekte
Schlafmaske!

Nicht nur war Caroline der erste TundA*-Gast ever, in der Folge »The real Diel«, wir haben auch die erste Ausgabe von CURLYS CABI zusammen mit ihr gemacht. Abgesehen von Kabis ist Schlossgut Diel für seine anderen Rieslinge bekannt, bis hin zu den Großen Gewächsen, außerdem für Pinot Noirs und immer mehr auch für nicen Sekt.

Meine letzte Reise zu einem Weingut liegt schon eine Weile zurück, zur Mosel, siehe weiter oben. Ich ahne also schon, was uns erwartet, irgendwie sind alle Winzerinnen und Winzer, die ich bisher getroffen habe, wahnsinnig gastfreundlich und wahnsinnig durstig. Lifehack: Wenn man übers Wochenende zu Winzers fährt, sollte man sich zwei Tage danach nichts vornehmen und dringend erst mal das Wochenende nachholen.

Wir also mit der ganzen Gang in den Zug, Lenny mit dem Kamera- und Podcast-Case, Willi mit dem Riesenrollkoffer plus Weintasche. Riesenrollkoffer für eine Übernachtung? Ja klar, weil er drin noch eine 6er-Kiste seiner extragroßen Lieblingsweingläser hat, so macht's natürlich Sinn.

Mein wichtigstes Accessoire für die Fahrt: Die GG-Tischdecke (Weihnachtsgeschenk vom VDP!) und die Supreme-Schlafmaske aka Boxershorts (frische natürlich). Willis Weintasche und die Gläser kommen zwar erst in der Regionalbahn von Frankfurt nach Bingen zum Einsatz, dann aber gleich doppelt funny, weil die erste Flasche direkt einen Kork hat. Was tun mit den frisch gefüllten Gläsern? Und deswegen ist Willi einfach Profi der Profis: Wer in einem fahrenden Zug vier Weingläser ohne einen Tropfen zu verschütten wieder zurück in die Flasche gießt, ist ein Boss. Nächste Flasche Drehverschluss, kein Risiko mehr – und Schnaitmanns Trollinger kommt richtig nice. Der Schaffner, der noch nie Rotweingläser in seinem Zug gesehen hat, freut sich.

Jedenfalls kommen wir am späten Nachmittag wohlbehalten und ein bissl vorgeglüht in Bingen am Rhein an, wo uns die Schlossherrin Caroline auf dem Bahnsteig erwartet. Auf dem Bahnhofsvorplatz wartet zwar keine Kutsche, aber Carolines Vito – und unser Fotograf Lenny besteht drauf: Ab in die Weinberge für Fotos, gerade ist so tolles Licht, heißt, wir sehen gut aus, also **let's go!**

Schlossgut Diel

Peter Diel erwarb 1802 das Landgut des Barons von Dalberg mit der Burg Layen. Das ursprünglich als klassischer, landwirtschaftlicher Mischbetrieb geführte Schlossgut wurde im Laufe der Jahre sukzessive von einem Gut mit Weinbau zu einem reinen Weingut umgestellt. Eine sehr gute Entscheidung, wie Willi und ich finden. In der sechsten Generation – unter dem Management von Armin und Monika Diel – wurde die Rebfläche des Gutes schließlich auf die heute typischen Nahe-Rebsorten Riesling, Pinot Noir und weißer Burgunder umorientiert. Heute ist das Weingut in den Händen der siebten Generation: Caroline ist die erste Frau im traditionsreichen Schlossgut, das sie seit Juli 2019 gemeinsam mit ihrem Mann Sylvain Taurisson-Diel führt. Das deutsch-französische Paar sorgt für frischen Wind und teilt sich ganz zeitgemäß die Aufgaben. Caroline arbeitet hart im Weinberg an der Qualität der Trauben und im Keller an den Weinen und Sylvain kümmert sich um den Rest. Sie sind ein perfekt eingespieltes Team. Und der Wein hier ist wirklich gut, denn die diplomierte Önologin Caroline verleiht ihren Rieslingen und Burgundern von Jahr zu Jahr eine immer persönlichere Handschrift – geradlinig, mineralisch, terroirgeprägt und authentisch.

Wir schunkeln also ein paar kleine Landstraßen entlang und erreichen schließlich die Weinberge. Bis man endlich den Hollywood-Schriftzug auf einer der Terrassenmauern im Weinberg sieht: GOLDLOCH! Oha! Wir natürlich gleich rein mit Caro in den Weinberg, die Traktion mit meinen Adidas Ozweego in der feuchten Steillage nicht ganz optimal, aber hey, schließlich stehen wir direkt am XXL-Schriftzug. Schon sehr cool. Die Sonne senkt sich hinter den Weinbergen, unter uns schlängelte sich glitzernd die Nahe durch das Grün und leise rauscht das silberne Band der Autobahn.

Im Weinberg dann ein Crashkurs, nicht nur in Steilheit, sondern auch in Sachen Reben, wie man sie schneidet, was man stehen lässt, was nicht. Es ist dieser Mix, der Wein und auch den Winzerberuf so besonders macht: Einerseits bist du in den besten Restaurants der Welt unterwegs, dein Produkt ist ein Luxus, Statussymbol auf Insta, und auf der anderen Seite bist du einfach eine Landwirtin, die jeden Tag darauf achten muss, die richtigen Zweige von so einem Busch abzuschneiden. Und dann kommt plötzlich eine Reisegruppe aus Berlin mit 'nem Rapper, einem Sommelier mit blauer Brille und einem Lenny mit Kamera, und du musst denen erklären, was du da genau treibst auf deinem Feld. Das ist schon sehr abgefahren.

Caro gab uns dann im Goldloch noch einen kurzen Zeitabriss, was so in einem Weinjahr alles an Arbeit anfällt. Weil ich mir so viel nicht merken kann, bat ich sie, das noch mal kurz und knapp für die Nachwelt zusammenzustellen (siehe am Ende dieses Kapitels). Besser, als wenn ich das versuche.

GOLDLOCH

Kein Fachbegriff aus dem Golf, sondern die nach Süden ausgerichtete VDP Große Lage liegt geschützt im Trollbachtal direkt zwischen den anderen beiden VDP Großen Lagen Pittermännchen und Burgberg. Viel Sonne und steinige Böden sorgen für optimale Wachstumsverhältnisse. Die bis zu 55 Prozent steilen Hänge sind größtenteils in Terrassen angelegt. Der Boden besteht, um das Rieslingportal im Internet zu zitieren, »aus steinig-grusigem Gehängelehm auf felsigen Konglomeraten des Oberrotliegenden aus der ersten Phase des Perm. Dieser Urgesteinsboden ist nur von einer dünnen Lehmschicht bedeckt.« Und dort wächst vor allem Riesling. Im Lagenkataster erscheint die Lage Goldloch erstmals 1819 und wurde 1756 bereits als »Am Loch« urkundlich erwähnt. Warum der Zusatz »Gold« gewählt wurde, ist Spekulation. Ich würde mal sagen, der hier entstehende Wein ist so Bling-Bling, dass es nur logisch ist, dabei von Gold zu sprechen.

OLOCH

Und dann geht es zur Burg. Wobei, von vorne eigentlich eher ein Landhaus, Turm und Mauern und das alles sind auf der Rückseite. Vor allem aber alles nicht fancy, sondern megagemütlich, mit einer Riesenküche, loderndem Kaminfeuer und einem schwarzen Hund, der einfach mal Kabi heißt! Lol. Nicht schlecht. Aber Shoutout an meinen Hund Luigi, wenn du das liest: Du bist der Allerbeste, egal, wie die anderen Hunde heißen.

Caros Mann Sylvain ist Franzose, knapp zwei Meter, Ex-Profivolleyballer und bei Schlossgut Diel fürs Marketing zuständig – aber nicht nur dafür, sondern auch fürs Kochen. Oha, diese kleinen Käse-Teig-Taler – Gougères. Voll gut einfach. Spontan entscheiden wir uns, direkt unseren ersten Koch-Podcast aufzunehmen und Sylvain als offiziellen Rezept-Dude in den Podcast zu integrieren. Und natürlich als Käse-Schneide-Professor – schaut mal ins letzte Kapitel.

Ach ja, in den Weinkeller gehen wir natürlich auch runter. Da gibt's den modernen Teil mit den Edelstahltanks, wo oben so Glasschnecken vor sich hin blubbern, wenn der junge Wein im Tank gärt. Caro hat mir gleich mal einen noch naturtrüben Kabi gezapft. Sehr fresh. Im alten Keller dann die großen Holzfässer, von denen einige sogar secondhand von Romanée-Conti sind und den unverwechselbaren DRC-Flavor ins Spiel bringen, merkt man natürlich sofort. Aber alle Weine, die wir an dem Abend probieren, sind mega. Ich sage nur: Goldloch-2008-Sekt in einer noch unreleasten, handbeschrifteten Magnum. Oha! Weil die Diels auch sonst große Champagner- und Sektfans sind, gibt es 'ne Menge in die Richtung zu probieren, und irgendwann an dem Abend wird neben meinem Stage Name Curly ein neues aka für mich geboren: Michael Bubbles. Lol.

In der Schatzkammer in einem Nebenraum im Keller kann man auch die ganz alten Flaschen auschecken. Das sieht schon cool aus, so eine Flasche, komplett schwarz mit verwittertem Etikett – der Inhalt natürlich topfrisch. Caro sagt, da steht auch noch irgendwo eine Flasche von 1921. Zeigt sie uns aber nicht, genauso wenig wie ihren sagenumwobenen Pinot Noir mit dem Arbeitstitel »222«, den sie partout nicht rausrücken will, obwohl Willi zwischen zwei und drei Uhr nachts ungefähr eine Stunde versucht, sie rumzukriegen. Aber so ist das eben auch: Winzer*innen setzen sich so intensiv mit ihrem Produkt auseinander, dass sie wissen, wann der richtige Zeitpunkt ist, um jemanden probieren zu lassen – und dreiviertel hacke in der Nacht war das offensichtlich nicht der Fall. Ich zeige ja auch niemandem einen Song, der noch nicht richtig gemixt ist. Aber gut, wir trinken an dem Abend so viele tolle Weine, wir brauchen uns echt nicht zu beschweren. Wir kommen wieder, wenn die Zeit reif ist! Also bald.

Der Rest des Abends läuft, wie Abende bei Winzers eben so laufen: die eine oder andere geile (Magnum-)Pulle, super Essen, nice Gespräche über Gott und die Welt oder auch mal völligen Quatsch. Zum Beispiel über meinen Bart, gefühlt zwei Stunden lang. »Touche pipi«, sagt Sylvain in diesem Zusammenhang sehr oft, keine Ahnung, warum. Irgendwer entscheidet dann noch, die Terroir-&-Adiletten-Spotify-Playlist anzumachen, von Fachleuten als schlimmste Playlist aller Zeiten gehandelt, und zwischen David Guetta, Bach und Random Death Metal endet just another Saturday mit geilen Wein-People.

Für Willi endet er sogar noch ein bisschen früher, mit einem Powernap am Esstisch – das erste Mal Willi besiegt, yay! Aber wie dem auch sei: Genau solche Abende sind es, weswegen ich das hier alles mache und Wein einfach so feiere. Und das solltet ihr auch, wahrscheinlich tut ihr das eh, weil ihr sonst dieses Buch nicht lesen würdet. Aber vielleicht seid ihr auch nur zufällig hier, habt das Buch geschenkt bekommen oder es liegt irgendwo rum und ihr blättert ein bisschen, weil das Cover so schön nach 90s aussieht. Dann bleibt dabei und kommt an Bord, trinkt guten Wein, esst etwas Gutes dazu, macht euch schöne Abende. Protzt nicht mit eurem Weinwissen, oder höchstens mal ein bisschen, genießt den Moment und das Zusammensein und habt Spaß miteinander.

Curly aka Michael Bubbles out.

Word-up für Caroline Diel!

Aus unseren Podcasts kennt ihr ja schon viele Winzerinterviews, unser Buch wäre nicht komplett, wenn wir hier nicht auch eins drin hätten. Also, let's go – unser Interview mit Caroline Diel, weltexklusiv.

Caroline, wie ging das denn alles los mit dir und dem Wein?

Ich habe mein erstes eigenes Geld schon als Schülerin in der Gastro verdient und gemerkt, was für ein tolles Milieu das ist. Ich hatte da richtig Spaß. Also wollte ich eine Ausbildung in der Gastronomie machen. Aber vorher bin ich nach Bordeaux gegangen, um ein Praktikum bei einem Weingut zu machen: Pichon Longueville Comtesse de Lalande. Ich habe gleich Blut geleckt und gemerkt, dass das mit dem Wein aus einer neuen Perspektive noch mal ganz anders ist, als ich es von zu Hause kannte. Irgendwann fasste ich den Entschluss, dass ich es ganz genau wissen will. Ich habe Weinbau von der Pike auf gelernt und mich für das Studium der Önologie in Geisenheim entschieden. Ich wollte einfach noch mehr im Produktionsprozess mitwirken, als mein Vater das gemacht hat. Er hatte immer einen Topkellermeister und gute Mitarbeiter, die seine Vision für ihn umgesetzt haben. Ich bin tatsächlich das erste Familienmitglied in der siebten Generation jetzt, das die praktischen Arbeiten im Weinberg und im Keller persönlich erledigt – mit dem Kopf, mit dem Herz, aber vor allem auch handwerklich.

Wie sehen denn deine Arbeitstage aus? Wär das der richtige Job für mich? Wir sind ja eher die Spätaufsteher.

Spätaufstehen wäre nicht ganz optimal bei uns. Wir fangen in der Regel früh am Tag an. Mein Arbeitstag sieht von Jahreszeit zu Jahreszeit anders aus. Das ist ja das Besondere an der Weinbranche, also zumindest im Weinanbau, dass man sehr mit den Jahreszeiten arbeitet, weil wir ja in der Natur arbeiten. Tendenziell ist der Winter die ruhigste Zeit, wo meine Arbeitstage normalerweise von acht Uhr morgens bis circa 18 Uhr gehen, wie in vielen anderen Jobs auch. Im Sommer starten wir morgens schon um sechs Uhr, weil es im Weinberg schnell sehr warm wird. Wir wollen die kühlen Morgenstunden möglichst effizient nutzen. Von sechs Uhr bis elf Uhr lässt sich so viel wie am gesamten restlichen Tag erledigen, weil die Rahmenbedingungen da am besten sind. Wenn die Arbeit im Weinberg geschafft ist, geht es zu Hause weiter. Der Büroalltag, es kommen Kunden, wir haben Veranstaltungen et cetera. Das ist ein ständiges Kommen und Gehen.

Es gibt ja bestimmt viele unterschiedliche Arbeiten hier. Habt ihr da einen genauen Plan, wann ihr was macht?

Saisonal ist die Arbeitssituation bei uns sehr unterschiedlich. Vor allem zur Weinlese, da geht es frühmorgens los mit dem Gang durch den Keller. Ich schaue, wie alles läuft, vor allem die Gärung, anschließend gehe ich mit unserem Team in den Weinberg und erkläre, was an dem Tag ansteht und wie genau wir selektionieren. Die Lese erfolgt bei uns von Hand – nur so können wir präzise arbeiten und konzentriert selektieren, also einzelne, unperfekte Beeren aussortieren. Ich drehe meine Runde und schaue in den anderen Weinbergen, wie sich die Trauben entwickeln. Da gibt es keinen festen Masterplan, sondern eher einen dynamischen, der sich je nach Reife auch schon mal von Stunde zu Stunde ändern kann ... Ich muss immer die aktuelle Lage checken, die Situation des Weinbergs auf mich wirken lassen, die Beeren probieren – das ist das Allerwichtigste! Das aromatisch reife Fruchtfleisch soll sich von den dunklen Kernen lösen, die Schalen sind noch fest, aber nicht bitter. Und natürlich gibt es da auch mal zeitliche Überschneidungen, wenn ich merke: Mist, wenn wir es jetzt nicht sofort ernten, ist es zu spät. Vor allem müssen wir immer mal wieder witterungsbedingt umdisponieren, etwa wenn sich Regen anbahnt. Unser größter Feind im Herbst ist feuchte Witterung bei warmen Temperaturen, da kann sehr schnell sehr viel passieren und die Trauben können auch »kippen«, sprich: überreif werden. Deshalb ist es wichtig, sehr aufmerksam zu sein und die Wettervorhersage und den individuellen Reifezustand jedes einzelnen Weinbergs im Auge zu behalten. Während der Lese steppt dann hier der Bär, da haben wir hier ein 20-köpfiges Ernteteam am Start. Das sind hauptsächlich langjährige polnische und rumänische Helfer, aber auch einige Praktikanten.

Seid ihr jetzt ein kleiner oder ein großer Betrieb?

Unser Betrieb ist mittel bis klein, ein Familienbetrieb. Wir haben da auch keinen Drang zur Expansion, allein mit Blick auf die Qualität liegt uns das fern. Ich sehe mich auch so ein bisschen als Winzerin, die versucht, dieses Stück Kulturgut hier zu bewahren, die Kulturlandschaft, aus der wir authentische Weine ins Glas bringen wollen. Wir sind natürlich mit anderen Betrieben in der Region vernetzt. Bei uns im VDP, dem Verband Deutscher Prädikatsweingüter an der Nahe, gibt es aktuell neun Mitgliedsbetriebe. Eine recht kleine Anzahl, und fast noch wichtiger ist, dass wir alle ähnlich strukturiert sind und ähnlich denken.

Macht dich deine Arbeit happy?

Für mich als Winzerin besteht der besondere Reiz der Arbeit im Weinberg darin, dass ich immer noch von Tag zu Tag und von Jahr zu Jahr dazulerne, neue Perspektiven auf meine Arbeit bekomme und ich in kleinen Schritten neue Wege gehe und das Weingut und mich dynamisch weiterentwickle. Ich stelle unsere Herkunft – unsere Weinberge und Böden – in den Vordergrund und lebe nicht irgendwelche Marketingideen aus. Das ist ein ganzheitliches Arbeiten. Und ja, das macht mich glücklich.

Was sind denn die Herausforderungen für dich als Winzerin?

Allen voran natürlich die Veränderung von Klima und Wetter. Damit muss man sich heute sehr intensiv auseinandersetzen. Da geht es weniger um

Theorie als vielmehr um die Praxis. Um ein aktuelles Beispiel zu nennen, wo wir kürzlich den ersten Schritt gemacht haben: Wir gehen beim Rebschnitt mal anders ran, um die Reben nachhaltig vital zu erhalten. Das nennt sich sanfter Rebschnitt, ein neues System, das von den Agronomen Simonit & Sirch etabliert wurde. Sie unterstützen uns übrigens auch bei der Umsetzung. Hierbei entstehen nur noch kleine Schnittwunden und somit weniger Totholz durch Eintrocknungskegel, somit bleibt der Saftfluss frei erhalten, und das spielt gerade in sehr trockenen Jahren im Hinblick auf die Wasserversorgung eine entscheidende Rolle. Ein anderes Beispiel für die behutsame Weiterentwicklung im Weinbau ist der Umgang mit dem Boden. Wir arbeiten beispielsweise mit Begrünungspflanzen, um zum einen Wasser zu sparen und zum anderen mehr Biodiversität in unsere Monokultur Weinberg zu bringen. Das führt auch zu mehr organischer Masse im Boden, genauso wie das Arbeiten mit Kompost und Bodenabdeckungen (Grünschnitt und Stroh). Auf diese Weise machen wir unsere Böden nahrhafter und erhöhen das Wasserhaltevermögen. Das sind alles Ansätze, den Lebensraum der Rebe so »komfortabel« wie möglich zu machen, damit sie sich auch unter anstrengenden klimatischen Bedingungen besser versorgen kann und robuster wird.

Du hast hier schon deinen richtigen Platz im Leben gefunden, oder?

Ich bin schon sehr verwurzelt hier in Burg Layen und dabei möchte ich das Weingut und mich Schritt für Schritt weiterentwickeln. Man wächst mit den Aufgaben und den persönlichen Erfahrungen. In den ersten Jahren stand ich schon unter großem Druck. Der wurde aber kompensiert durch Facettenreichtum, die unser Beruf mit sich bringt: die große Abwechslung, das Draußensein in der Natur und in den eigenen Weinbergen, die Tatsache, dass man sehr schnell sieht beziehungsweise auch schmeckt, welche Resultate die eigene Arbeit hervorbringt. Mit der Zeit wird man da lockerer. Und man ist ja tatsächlich nicht allein mit seiner Aufgabe. Mit meiner Familie, mit unserem Team, mit befreundeten Winzerkollegen und selbstverständlich auch Kolleginnen tausche ich mich aus. Als ich Anfang der 2000er-Jahre in Geisenheim studierte, waren wir lediglich 20 Prozent Mädels, heute sind wir bei rund 50 Prozent. Die Zeiten ändern sich deutlich, und das ist auch gut so! Ja, ich habe den absolut richtigen Platz im Leben gefunden!

Aber romantisch ist das doch schon: Weinberge, ein Schloss …?

Das denken alle, die uns besuchen, und vor allem viele unserer Praktikanten. Da war schon alles dabei, ein ehemaliger Chefarzt einer Kinderklinik, Gastronomen oder Leute aus der Finanzbranche. Zuletzt sogar eine junge Psychologin, die uns über Terroir & Adiletten »kennengelernt« hat und sich daraufhin bewarb. Sie haben alle schnell gemerkt, dass Winzer*in ein anspruchsvoller, anstrengender Beruf ist. Vor allem während der Ernte entwickelt sich eine besondere Dynamik, das ist wie ein Bootcamp. Wir essen gemeinsam zu Mittag, sitzen abends oft zusammen in der Küche. Es wird immer viel gearbeitet, viel gegessen und noch mehr getrunken, äh, verkostet. Die meisten sagen schon: »Das ist megaanstrengend, das hätte ich nicht erwartet. Ich dachte eigentlich, dass es so romantisch ist im Weingut, viel frische Luft und dann wird immer nur getrunken …« Und sie haben ja recht. Die Weinlese in den steilen Weinbergen, das Transportieren der Lesekisten oder auch die Arbeit im Keller, teilweise unter Zeitdruck, das ist fordernd und intensiv, aber eben auch erfüllend.

Welche Leute arbeiten denn fest bei euch?

Mein engster Mitarbeiter beim Wein ist Marcel, unser Kellermeister. Er ist meine rechte Hand dort. Dann haben wir noch Pauline, die so Allrounderin ist, die ebenfalls Weinbau studiert hat und überall einspringen kann, wo sie gebraucht wird. Grzegorz kümmert sich um alle technischen Belange und vor allem die Maschinenarbeiten im Weinberg. Und dann ist da natürlich mein Mann Sylvain, er macht alles, was nicht Produktion ist. Organisation, Vertrieb, Kommunikation, Kunden und vieles mehr. Dabei wird er unterstützt von unserer charmanten Ina. Ein kleines, vertrautes Team, worauf ich mächtig stolz bin!

Wie ist denn das Image für deutschen Wein aktuell?

Weder in Deutschland noch in der Welt wird der deutsche Wein auf der Stufe wahrgenommen, auf der wir uns tatsächlich befinden. Fakt ist, dass man in Deutschland Weine aus den besten Lagen – die Crème de la Crème quasi – für echte Schnäppchenpreise bekommt, wenn wir es mit den Grand Crus unserer Nachbarn vergleichen. Imagemäßig ist es aber auch nicht so einfach mit der deutschen Geschichte, die speziell im 20. Jahrhundert richtig dunkle Seiten aufweist. Und es halten sich ja auch manche Klischees hartnäckig, wie etwa »sweet & cheap«. In dem Zusammenhang ist der Glykol-Skandal der 1980er-Jahre zu erwähnen. Für das Image war das alles nicht gut und wird dem tatsächlichen Angebot an Qualitätsweinen heute nicht gerecht. Deutsche Weine waren noch nie so gut. Auch wenn das vielleicht schräg klingt – die Klimaerwärmung trägt ihren Teil dazu bei. Im Moment sind die Bedingungen für hier produzierte Weine besser denn je. Abgesehen davon ist das Know-how der Winzer*innen gewachsen und ebenfalls das Bewusstsein für Regionalität, das Wissen um klimatische Bedingungen und der Umgang mit ihnen.

Wie haltet ihr es denn hier mit Naturwein und öko?

Wir arbeiten schon seit einigen Jahren ökologisch und sind nun auch auf dem Weg zu einer Bio-Zertifizierung. Man kann im Ökoweinbau nicht kurativ arbeiten, sondern man muss alles präventiv vorausdenken. Das setzt voraus, seine Weinberge sehr gut zu kennen und die Reben zu beobachten, was bei uns ohnehin Standard ist. Das Verständnis dafür, wie es den Reben geht und was sie brauchen, ist immer von höchster Bedeutung – unabhängig von der Bewirtschaftungsweise. Generell gilt: Bio ist nicht per se perfekt, aber eine sinnvolle Grundlage. Daneben ist Regionalität für mich ein sehr wichtiges Merkmal für nachhaltigen Weinbau. Naturwein ist ein spannendes Thema und da kann man trefflich diskutieren, da der Begriff nicht einmal einheitlich definiert ist. Aus Kundensicht und auch mit Blick auf die Qualität der Weine würde ich sagen, ist das entscheidende Kriterium, dass man die Erzeuger kennt und weiß, wie es da im Weinberg und in der Produktion zugeht. Und man muss auch immer die Qualitätsfrage stellen: Schmeckt der Wein, begeistert er mich?

Findest du, dass Wein generell in Deutschland die richtige Wertschätzung bekommt?

Ich würde mir persönlich wünschen, dass wir es auch in Deutschland hinkriegen, für das Produkt Wein eine höhere Wertschätzung aufzubringen. Ich habe ja in Frankreich gearbeitet, und dort sind die Leute mächtig stolz auf ihre Spitzenweine, egal ob in Burgund, in Bordeaux oder in der Champagne, selbst wenn sie sich diese niemals leisten könnten. Sie sind stolz darauf, dass in ihrer Heimat Weine produziert werden, die qualitativ so hochwertig sind, dass sie auf der ganzen Welt gesucht sind. In Deutschland wird bei Spitzenprodukten immer noch mal kritisch draufgeschaut, so von wegen: »Aha, dieser Wein kostet ja wirklich viel, der andere hingegen viel weniger. Aber der günstigere Wein ist dann doch mit Sicherheit nicht zehnmal schlechter?« Solche Diskussionen führen nirgendwohin. Man sollte solche Flaggschiffe wie einen französischen Grand Cru als Vorreiter feiern und als Ansporn sehen für die gesamte Weinbranche. Wir sind aber auf einem guten Weg. Im letzten Jahr hat der VDP das 20-jährige Jubiläum des VDP.Große Gewächse gefeiert. Da ist schon viel erreicht und ich bin gespannt, wo wir in weiteren 20 Jahren stehen.

Auch wenn du den ganzen Tag nichts anderes machst, als dich mit Wein zu befassen: Weinsaufen macht schon Spaß, oder?

Na klar. Wein ist ein geselliges Getränk. Wir persönlich lieben Schaumweine, also Champagner und gute Sekte, Riesling, Pinot Noir. Ich bin immer neugierig auf Neues. Und ich finde, dass beim gemeinsamen Genuss ein leichter Rauschzustand auch eine schöne kommunikative Sache ist. Die Kunst ist es, den richtigen Moment abzupassen, wann es wirklich genug ist. Haha, da übe selbst ich noch.

Arbeit in Weinberg und Keller im Jahreslauf

Dezember-März: Rebschnitt, Drahtrahmen reparieren und anbinden der Fruchtrute (Biegen)

Frühjahr: Bodenarbeiten (Auflockern, Einsähen)

April: Aushängen der Hülsen mit den Pheromonen (gegen den Traubenwickler), Cuvéetieren, Filtrieren und Füllen der Weine aus dem vorangegangenen Jahrgang

Ende April/Anfang Mai: Ausbrechen der unerwünschten Triebe und Wasserschosse

Mitte Mai bis Juli: Heften (die Triebe werden mithilfe der beweglichen Heftdrähte gerade nach oben gezogen)

Juni/Juli: Teilentlaubung der Traubenzone (Entfernung einzelner Blätter, um ein Verrieseln der Trauben zu forcieren und um die Trauben freier hängen zu lassen. Effekte sind eine bessere Luftzirkulation in der Laubwand und Traubengesundheit.

Juli/August: Laubschnitt (Kappen der Triebspitzen über dem Drahtrahmen) oder Wickeln (die Triebe werden um den obersten Draht gewickelt)

Mai bis August: Pflanzenschutz (die Reben werden vor den Pilzkrankheiten, hauptsächlich Oidium und Peronospora, beschützt)

September/Oktober: Traubenernte, Mahlen/Entrappen, Pressen, Mostvorklärung

September bis November: Vergärung des Traubenmostes zu Wein (Zucker wird zu Alkohol umgewandelt; als Nebenprodukt entsteht CO_2, das Gas, das aus den Gärröhrchen blubbert)

6

Willst du mit mir gehen?

WEIN und ESSEN

WER begleitet eigentlich WEN?

Willi: Wein steht bei uns absolut im Mittelpunkt. Er begleitet nicht. Wer einen gescheiten Wein trinken will, muss aber in der Regel in ein Sternelokal essen gehen. Das ist eigentlich nicht mein Ansatz. Ich trinke unglaublich gerne Wein und begleite das mit einer Kleinigkeit zu essen – das sollte dann natürlich auch gut sein, und gerne in einer entspannten Atmosphäre. Ich will nicht irgendwo in einem Edellokal einen Tisch reservieren, das ist teuer und kompliziert. Und ich will mich dafür auch nicht extra in Schale schmeißen. Im Edellokal muss ich teuer essen, um dann vielleicht den einen oder anderen besonderen Wein zu kriegen, der meistens auch noch außerirdisch kalkuliert ist, damit die Food-Kosten wieder reinkommen. Ich bin zudem kein Fan von diktierten Wein- oder Getränkebegleitungen. Wenn man Pech hat, ist die Weinbegleitung nur die Kellerbereinigung eines Sommeliers, der sich von alten oder halb toten Weinen trennen will. Das ist nicht immer so, manche machen das natürlich auch super.

Guter Wein und gutes Essen sind ja beide Lebens- oder Genussmittel. Wenn das zusammenpasst, ist das die schönste Harmonie. Aber ich muss keinen Zwang daraus machen. Man findet sicherlich keinen Wein, der zu allem passt. Ich glaube, dass es oft mehr Sinn macht, wenn man den Gästen sagt: »Nehmt doch diese Flasche dazu, weil das Menü jetzt eh zwei Stunden dauert. Die trinkt ihr locker. Schaut in die Karte, was euch schmeckt, ich kann euch gerne beraten. Und zu dem und dem Gang habe ich einen anderen Wein, der passt da hervorragend. Ich gebe euch ein Schluckerl davon, weil es wirklich das perfekte Match ist.« Allerdings kann mir keiner erzählen, dass einer ein Acht-Gänge-Menü zubereitet und zu jedem Gang den perfekten Wein im Keller hat.

Curly: Ach, wenn ich so richtig gut essen gehe und die Möglichkeit habe, acht Weine zu trinken und damit meine Wein-Matrix zu erweitern, dann mache ich das auch. Mit meinem Weinstatus finde ich es eigentlich ganz geil, wenn mir jemand sagt: »Du hast jetzt acht Weine, die jeweils zu den einzelnen Gängen passen.« Ich bin ja noch im Lernprozess. Also nehme ich meistens die Weinbegleitung und denke dann: »Nice, das schmeckt mir.« Und irgendein Wein bleibt immer bei mir hängen.

Willi: Für mich gibt es bei der Kombination von Wein und Essen keine No-Gos. Es muss nicht mal zu Fisch zwingend ein Weißwein sein. Es kommt ja auch immer darauf an, wie der Fisch zubereitet ist, was das für ein Fisch ist: Salzwasserfisch, Süßwasserfisch? Und was gibt es für Beilagen, was für eine Sauce? Natürlich werden manche sagen: »Doch, es gibt No-Gos.« Für mich nicht. Ich liebe zum Beispiel Wiener Schnitzel mit einem gekühlten Blaufränkisch. Der ist würzig und schmeckt für mich zusammen mit einem Wiener Schnitzel hervorragend. Da wird dir jeder Sommelier der Welt sagen: »Geh, des geht überhaupt ned!« Aber wenn ich das gerne mag, dann mag ich das halt gerne. Ich finde, die größte Beleidigung für einen Wein ist es, wenn du sagst: »Der geht zum Essen besser als solo.« Ich meine, wenn ein Wein eine Speise unterstützen kann oder umgekehrt, dann ist das super. Doch wenn du sagst: »Ja, zu dem Gericht passt er mega, aber ohne Essen ist er nicht so super«, dann denke ich mir: »Ja, dann brauche ich den Wein eigentlich gar nicht.« Der Wein ist ja nicht deshalb auf die Welt gekommen, um mit einem bestimmten Gericht gepaart zu werden. Das ist dann irgendwie ein Rausverkauf. Wie guter Wein und gutes Essen zusammenpassen, darüber können aber andere noch besser erzählen als ich. Zum Beispiel mein Freund und Chef aller Etikettentrinker Tim Raue!

Tim Raue: »Für ›gut‹ steh ich nicht auf«

Zwei Sterne, Fernsehkoch, Arbeitstier, Berliner Schnauze und laut Willi einer der wenigen Küchenchefs in Deutschland, die einen wirklich guten Weingaumen haben. Tim Raue weiß, worauf es ankommt, damit nicht nur Gäste im Lokal glücklich sind, sondern auch die Sommelière oder der Sommelier.

VON TIM RAUE

Lass die Künstler Künstler sein!

Ein paar entscheidende Grundlektionen als Küchenchef lernte ich in den Neunzigerjahren im Bamberger Reiter in Berlin. Das war damals eins von insgesamt drei Sternelokalen in Berlin. Der Chef Franz Raneburger gab mir Folgendes mit: »Tim, es gibt zwei Positionen im Restaurant, bei denen du aufpassen musst, wenn du später mal Chef wirst: Pass auf beim Patissier und beim Sommelier.« Das beherzige ich bis heute. Ich schaue, dass meine Künstler das bekommen, was sie brauchen. Beim Patissier ist es oft so: Das, was er braucht, hat er nicht. Und das, was er nicht braucht, hat er. Heißt: Wenn er etwas auf die Karte nehmen will mit weißer Schokolade und er bräuchte 25 Kilogramm die Woche, dann hat er aktuell vielleicht nur ein Kilo im Lager. Dafür liegen dort noch 30 Kilo von der dunklen Schokolade, die fürs letzte Menü waren. Ich würde dann nie sagen: »Jetzt verbrauch erst mal das.« Ich kümmere mich einfach darum, dass genug weiße Schokolade auf Lager ist. Für mich gilt: Lass den Künstler Künstler sein und sieh zu, dass die Logistik für ihn funktioniert.

Und was Sommeliers oder Sommelièren betrifft: Augen auf bei der Personalwahl. Der Klassiker ist: Der Sommelier startet frisch in den Job, geht in deinen Keller und guckt, was er findet. Die großen Bordeaux, Burgunder, Champagner, das ist alles okay, aber bei den Sachen, die der letzte Sommelier geil fand, da heißt es dann schnell: »Also nein, da kann ich nichts draus machen.« In der Folge kommt er mit einem Dutzend Weingüter an, die er haben will, weil er deren Wein verkaufen kann. Wenn du dann als Chef sagst: »Okay, machen wir gerne. Du unterschreibst einen Arbeitsvertrag und bleibst für drei Jahre und dann läuft das«, und dann ist dein Sommelier oder deine Sommelière nach 12 oder 18 Monaten schon wieder weg, dann hast du ein Problem. Im schlimmsten Fall geht das Ganze von vorne los. Egal, wie lange die Leute bleiben, es ist wichtig, als Chef selbst Ahnung von Wein zu haben. Du musst wissen, ob das Zeug in deinem Keller was taugt, wie viele Jahre sich das hält, ob das dann den nächsten oder übernächsten Sommelier überlebt.

Investier in Qualität!

Um Ahnung von Wein zu haben, musste ich lernen, Wein zu saufen. Ich habe mich breit über Wein informiert und mir alles an Büchern gekauft, was es zum Thema gab. Damals war das Internet noch in den Kinderschuhen, da war noch nicht viel im Netz zu finden. Ich brauchte Jahrgangsbeschreibungen. Ich habe angefangen, unterschiedlichste Weine zu trinken. Dabei habe ich auch schnell gemerkt, dass es Weinregionen gibt, die mir nichts geben, die mir egal sind. Das ist sinnbildlich für mein Leben. Ich ignoriere vieles, schiebe vieles beiseite, ich bin ein Fachidiot, der sich nur auf das fokussiert, was ihm wichtig ist.

Wir hatten und haben sehr gute Sommeliers, die mein volles Vertrauen genießen und die frei entscheiden können. Wobei meine Geschäftspartnerin Marie und ich immer den Daumen auf der Bestellung haben, damit eben keine Leichen im Keller entstehen. Generell ist es schon ganz gut, wenn du zu dritt oder zu viert bist und gemeinsam auf eine Weinkarte mit 1200 Positionen schaust. Wir überlegen immer zusammen, welcher Wein besonders gut mit einem Gericht harmoniert. Bei neuen Gerichten probieren Marie, unser Sommelier Raphael und ich, welcher Wein am besten passt. Und mal hat der eine recht, mal der oder die andere. Zickig werde ich nur, wenn ich höre: »Von dem haben wir noch 17 Flaschen, das passt doch ganz gut.« Doch »ganz gut« reicht definitiv nicht. Ich frage dann zurück: »Was hättest du denn am liebsten?« – »Der Wein, der mir vorschwebt, den kriegen wir aber erst in zwei Wochen.« – »Gut, dann ändern wir die Karte erst in zwei Wochen, bis der Wein da ist.« Das ist nicht wirklich wirtschaftlich gedacht, aber typisch für uns. Wir haben immer lieber weniger Geld verdient, dafür aber mehr Geld in die Qualität der Ware investiert.

Housemusic mit Vocals

Meine erste Bewertung im Gault&Millau waren 10 Punkte. Klingt für Ahnungslose gut, aber es gibt eben 20 Punkte. Das war ein vernichtendes Urteil. Da hab ich noch mal genau überlegt, ob meine Berufswahl richtig war. 2013 haben wir dann den zweiten Michelin-Stern bekommen, das hat uns alle im Lokal entspannt. Seitdem machen wir uns darüber keinen Kopf mehr. Und wir sind durchaus im Austausch mit dem Michelin. Ich weiß, welche unserer Gerichte sie für drei Sterne würdig halten und welche nicht und warum. Der Michelin ist halt französisch, und die wünschen sich Balance. Ich selbst bin alles, nur keine Balance. Ich habe Ecken und Kanten, ich möchte Spaß haben. Mal als Vergleich aus der Musik: Für den Michelin wäre klassische Musik in Perfektion die Spitze. Das bin ich nicht und werde es nie sein. Ich bin Housemusic mit Vocals, ich will Farbe, Bewegung, Lebendigkeit in meiner Küche und in meinem Lokal. Perfektion um der Perfektion willen gibt mir nichts. Und trotzdem bin ich ehrgeizig bis zum Anschlag. Ich bin der Sherpa, der den harten Weg gehen musste. Ich zieh den Karren, kein anderer. Ich bin auch völlig neidfrei, wenn es jetzt ein anderes Lokal in Berlin mit drei Sternen gibt. Wir haben das Netflix-Ding, sind bei den 50 besten Restaurants der Welt, die Leute kommen in die Stadt auch oder sogar nur wegen uns. Wir können hier in Berlin unsere Individualität leben. Diese Freiheit ist für mich das Wichtigste überhaupt. Berlin ist für mich sowieso die Hauptstadt der Individualisten und dazu gehören auch gastronomische Lebensformen, die so gar nicht nach meinem Geschmack sind. So manche Naturweinbar und ihre »Philosophie« lehne ich einfach ab. Zu Naturwein kann ich nur sagen: Ich will nix trinken, was nach Furz stinkt und durch meinen Darm schießt wie eine Pershing-Rakete, das ist für mich einfach kein Genuss.

Heart & Soul

Ich selbst trinke nur noch Rotwein, weil ich gemerkt habe, dass mir Champagner und Weißwein leider nicht mehr bekommen. Aber zum Glück gibt es ja genug Rotweine, die ich gerne habe. Einer meiner Topfavoriten ist der Wein von Sylvie Esmonin. Den hab auch schon früher mal getrunken, jetzt habe ich die Jahrgänge '15 und '16 von ihr gekauft.

Wein ist für mich vor allem erlebbare Historie. Mein größtes Weinerlebnis war, als ich einen Mouton von 1928 und einen von 1982 trinken konnte. Fast identisch im Geschmack, obwohl mehr als 50 Jahre dazwischenliegen. Fantastisch! Klar, das sind richtig kostbare Weine, aber ich habe mich von der Gosse hochgearbeitet und möchte heute nichts Billiges oder Einfaches mehr haben. Ich trinke eher wenig, sehr fokussiert und genieße dann. Für »gut« stehe ich nicht auf. Meine Kategorien sind »sehr gut«, »hervorragend« – da fang ich an, Spaß zu haben – und schließlich »exzellent«. Bei den letzten zwei Kategorien gibt es nur noch kleine Unterschiede, aber man schmeckt sie, wenn man komplett fokussiert ist, mit Liebe und Leidenschaft.

Ich bin der festen Überzeugung, dass Weine lebendig sind. Hier gibt es auch so was wie eine Tagesform. Beim Wein wie beim Weintrinker. Es schmeckt einfach nicht immer gleich, selbst wenn es derselbe Wein und derselbe Weintrinker ist. Ich habe das sehr deutlich erfahren, als ich mal wieder im Schwarzen Adler, dem Restaurant von Fritz Keller mit der legendären Weinkarte, war. Ich hatte sehr groß bestellt und kein einziger Wein hat für mich funktioniert. Das war ein schwarzer Tag. Wenn ich intelligent gewesen wäre, hätte ich die erste Pulle probiert und erst mal nachgedacht und nicht gleich sechs bis sieben Flaschen aufmachen lassen. Die Weine waren alle zu, verschlossen, haben mir nichts gesagt. In dem Moment hat es mir vor allem leidgetan für die Menschen, mit denen ich da war. Und das redet man sich hinterher auch nicht schön. Es war einfach kein guter Tag für mich und den Wein. Eigentlich hätte ich schlauer sein müssen.

Ich trinke nicht so gern, wenn ich selbst die Flaschen aussuche. Ich habe gelernt, dass Gott den Sommelier und die Sommelière gemacht hat. Weil er oder sie ein Händchen dafür hat. Und ich höre auch in der Regel auf den Sommelier. Ein richtig guter Sommelier ist für mich, wenn er versteht, was ich möchte, wenn er mich nicht über den Tisch zieht, wenn er für mich da ist.

Disclaimer

Wer jetzt denkt, dass für mich das Feinste gerade gut genug ist, den muss ich enttäuschen. Mein guilty pleasure ist Frittiertes in all seiner fettigen Knusprigkeit. Köstlich! Du kannst mir eine Dose Kaviar hinstellen, ich latsch vorbei, wenn daneben eine Portion Kentucky Fried Chicken steht. Das hat tiefe Wurzeln. Ich habe zwei Jahre meiner Kindheit in Frankfurt verbracht und da war in der Nähe unserer Straße die US-Army stationiert. Dort gab es einen Kentucky Fried Chicken. Mein absoluter Sehnsuchtsort. Einfach nur in diesen neonhellen Läden dem bösen Frittierten frönen und danach mit leicht geschändetem Gaumen raus und voll im Fresskoma sein.

Yes! «

Pasta Norma

Das ist ein Gericht aus dem Süden Siziliens, meiner dritten Heimat nach Berlin und Graz, sie ist ein Herzensgericht. Ein Teller davon bringt die heiße Sonne, die satte Bäuerlichkeit und vor allem jede Menge Liebe an den Gaumen und in den Bauch.

Tomatensauce

- 700 g passierte Tomatensauce von Mutti
- 100 ml Nuoc Mam
- 1 EL brauner Zucker
- 1 EL Salz
- 1 Stange Zimt
- 2 Sternanis
- 1 TL Habanero-Sauce

Aubergine

- 2 Auberginen
- 6 EL Olivenöl
- 2 Knoblauchzehen
- 2 EL feines Basilikum

Fusilli

- 500 g Fusilli von Rummo

Zusätzlich

- 60 g Ricotta salata, gerieben
- Basilikumblätter

Tomatensauce
Alle Zutaten zusammen aufkochen und bei geringer Hitze auf circa 500 ml einkochen lassen.

Aubergine
Die Aubergine schälen und in circa 2 cm dicke Scheiben schneiden. 4 EL Olivenöl mit dem Knoblauch und dem Basilikum bei mittlerer Temperatur erhitzen. Die Auberginenscheiben langsam darin von beiden Seiten garen lassen. Danach herausnehmen und in Streifen schneiden.

Fusilli
Die Nudeln nach Packungsanweisung kochen, abgießen und 3 EL Kochwasser aufbewahren.

Finish & Anrichten
Die Nudeln mit dem aufbewahrten Kochwasser in den Topf mit der Tomatensauce geben und auf kleiner Hitze gut verrühren, damit die Sauce in die Pasta einzieht. Die Aubergine dazugeben und mit erhitzen lassen. Die Pasta auf Teller geben. Den Ricotta reiben und über die Pasta geben und mit gerupften Basilikumblättern dekorieren.

Weinbegleitung
Dazu ein großes Glas Mille e una Notte von Donnafugata, den Blick gen Himmel, die Sterne zählen und langsam eindösen ...

Und was trinke ich sonst?
Ich verehre rote Burgunder, sie sind leider unfassbar teuer geworden und extrem rar. Wer aber einmal im Leben DRC, Bizot, Truchot & Rousseau getrunken hat, der muss eigentlich eine Sehnsucht nach dem nächsten Schluck in sich tragen. Zum Einstieg empfehle ich Weine von Fanny Sabre, Confuron-Cotétidot und Fourrier. Wer dabei nicht auf den Geschmack kommt, der sitzt nicht an meinem Tisch, wenn getrunken wird – oder wenn es Pasta Norma gibt.

VON LOU

Better ask Lou:

Welcher Wein passt zu welchem Essen?

Mal weg von der Spitzengastronomie. Wie schaut es denn in der Küche zu Hause aus, was passt denn bei Wein und Speisen gut zusammen oder was passt eher nicht? Wir fragen einfach mal Lou, die manche vielleicht schon von ihrem Wine-&-Food-Blog Bring Flavor Home kennen. Lou aka Louisa Maria Schmidt ist in der Hotellerie und Gastronomie aufgewachsen. Kein Wunder also, dass sie sich mit Essen und Wein so gut auskennt. Die gelernte Hotelfachfrau studierte internationale Weinwirtschaft an der renommierten Fachhochschule Geisenheim – wo auch sonst?

Ich will euch hier kurz und knapp erklären, welcher Wein zu welchem Essen passt. Unabhängig von meinen Tipps ist vor allem wichtig, dass du dich auf deinen eigenen Geschmackssinn verlässt – unterbewusst wissen wir nämlich ganz genau, was zusammen funktioniert und was nicht. Und auch ein ganz entscheidender Tipp: Speise ist nicht gleich Speise! Saucen, Garstufen und bestimmte Gewürze können einen dominierenden Effekt haben, auf den man bei der Weinauswahl unbedingt achten sollte.

Zu salzigen Speisen wie Seafood, zum Beispiel Austern, oder so was Simplem wie Pommes frites und Mac 'n' Cheese passen am besten Schaumweine. Das Salz der Speisen hebt den Geschmack der Schaumweine positiv in den Vordergrund. Der Schaumwein wiederum wirkt wie ein Zungenreiniger, hat einen erfrischenden und erdenden Effekt, insbesondere wenn es um salzige und leicht fettige Speisen geht. Wer kein Fan von Schaumwein

Lou – Profi in Sachen Geschmack

ist, sollte darauf achten, einen Wein zu wählen, der die salzigen Komponenten der Speise widerspiegelt, frei nach dem Motto »Gleich und Gleich gesellt sich gerne!«. Zum Beispiel Manzanilla zu Krustentieren wie Garnelen, Scampi und Co. Oder kräftige und salzige Weine wie zum Beispiel ein Chardonnay aus Frankreich passen gut zu Hummer oder Langusten.

Zu reichhaltigen Speisen, die von Fett dominiert werden, passen am besten tannin- und/oder säurebetonte Weine. Das Tannin und die Säure sind in der Lage, das Fett der Speisen zu harmonisieren. Alkoholstärkere Weine und Weine mit viel Tannin, zum Beispiel ein kräftiger Bordeaux, machen das Fett beziehungsweise das Eiweiß zudem besser bekömmlich.

Zu scharfen Speisen passen leichte, aromatisch-fruchtige Weine mit wenig Alkohol. Dabei kommt es immer auf den Schärfegrad, selten auf die Zubereitung an. Faustregel: Je schärfer das Gericht ist, desto süßer darf der Wein sein. Die Süße legt sich wie ein Schutzmantel auf die Zunge, dämmt die Schärfe ein und untermalt die jeweilige Aromatik des Gerichts. Immer perfekt passt natürlich CURLYS CABI!

Säurebetonte Speisen sollten auch mit säurebetonten Weinen gepaart werden. Ein Wein mit wenig Säure würde gegen die sauren Komponenten der Speise nicht ankommen. Er würde sich regelrecht unterbuttern lassen und infolgedessen extrem flach schmecken. Damit das Gesamtbild aber harmonisch wirkt, sind bei den Speisen auch säurepuffernde Komponenten wie Süße (zum Beispiel Zucker), Fett (zum Beispiel tierisches Eiweiß) oder Stärke (zum Beispiel Kartoffeln) wichtig.

Süße Speisen passen nicht gut zu trockenen Weiß- oder Rotweinen. Der Zucker der Süßspeise verstärkt das Tannin und die Säure der Weine und erzeugt somit einen bitteren Geschmack. Faustregel: Ein Wein sollte immer süßer als das Dessert beziehungsweise die Süßspeise sein.

Speisen beziehungsweise Zutaten, die selten mit Wein kompatibel sind

Hier kommt es auf die Zubereitungsart und schlussendlich immer auf das Gesamtbild an. Einzeln betrachtet funktionieren folgende Zutaten jedoch in den seltensten Fällen gut mit Wein: Senföle in Wasabi, Senf und Co., das in rohen Tomaten enthaltende Solanin oder Oxalsäure (zum Beispiel in rohem Spinat und Rhabarber). Deshalb passt zu Eiern in Senfsauce am besten ein frisch gezapftes Bier. Nachfolgend eine Auflistung an Lebensmitteln, die, solo betrachtet, in der Regel nicht mit Wein funktionieren oder ein unharmonisches Geschmacksbild erzeugen:

- Spinat
- Rhabarber
- Rohe Tomaten
- Artischocken (mein Tipp: Sherry, zum Beispiel ein Amontillado)
- Senf (mein Tipp: ein frisch gezapftes Bier!)
- Matjes
- Rettich/Wasabi
- Eis
- Sauerkraut
- Milchprodukte, zum Beispiel Joghurt

What grows together, goes together

Es gibt etliche Gerichte einer bestimmten Region beziehungsweise eines Landes, die nach genau dem Wein der Region beziehungsweise Landes verlangen. Das sind Kombinationen, die einfach immer funktionieren – Faszination pur! Dabei handelt es sich fast immer um traditionelle, klassische Gerichte, die bereits seit Jahrzehnten exakt so gekocht werden:

- Choucroute & Elsässer Riesling
- Bœuf Bourguignon & Pinot Noir
- Stilton & Port
- Ziegenkäse & Sancerre
- Seafood & Muscadet
- Maultaschen & Trollinger
- Käsefondue & Fendant
- Carne al Toro & Amontillado

Das passt einfach!

- What grows together, goes together.
- Hand in Hand: kräftige Speisen – kräftige Weine; leichte Speisen – leichte Weine
- Gereifte Weine funktionieren in der Speisebegleitung oft besser als junge Weine
- Salzige Speisen und salzige Weine
- Süße Speisen und süße Weine
- Scharfe Speisen und süße Weine

LOUS knuspriges Backhähnchen

Ich liebe es, in der Küche zu stehen, zu werkeln, auszuprobieren, gesellig beieinanderzusitzen und andere mit meinem Essen glücklich zu machen. Ein Backhähnchen eignet sich dazu perfekt! Am liebsten nehme ich dazu Loué-Hühner aus der Normandie, zertifiziert durch das Label Rouge. Das bedeutet: eine Mast von mindestens 82 Tagen (konventionelle Mast: 30 Tage), unbegrenzter Auslauf auf riesigen Arealen mit vielen Bäumen und Naturhecken und -sträuchern. Kein Fischmehl, keine Mittelchen. Antibiotika sind strikt untersagt. Und das Gericht ist wirklich einfach zuzubereiten. Ein paar Minuten Vorbereitungszeit und dann 90 Minuten ab ins Rohr.

Für das Huhn

- 1 Huhn (Label-Rouge-Qualität, ca. 1,5 kg)
- 1 unbehandelte Zitrone
- 1 Zweig Thymian oder Rosmarin
- gutes Olivenöl
- Fleur de Sel (feine Meersalzflocken, z. B. aus der Camargue)

Ofengemüse nach Belieben

- Karotten
- Schalotten
- Fenchel
- Brätlinge, kleine Kartoffeln
- Knoblauch)
- Olivenöl
- Kräuter
- Meersalz

So wird's gemacht

Den Ofen auf 185 °C (Umluft) vorheizen. Das Huhn nicht waschen, sondern lediglich mit einem Küchenpapier trocken tupfen. Ein Backblech mit Backpapier auslegen. Die Zitrone hochkant halbieren. Das Huhn auf das Backblech legen, mit der Zitrone und dem Thymian oder Rosmarin stopfen und es danach rundherum gut mit Olivenöl massieren und je nach Geschmack mit Fleur de Sel (circa. 1 EL) rundherum einreiben. Das Huhn auf mittlerer Schiene in den Ofen setzen und für 80–90 Minuten (je nach Power des Ofens) backen. Das Huhn sollte nach Ende der Backzeit goldgelb, innen saftig und außen knusprig sein. Wenn du dir unsicher bist: die Kerntemperatur sollte circa 80–85 °C betragen.

Das Gemüse (optional) putzen und in grobe Stücke schneiden. Die ganze Knoblauchknolle in der Mitte halbieren und mit dem restlichen Gemüse auf ein Backblech geben. Mit Olivenöl, Kräutern und Meersalz würzen. Nach der Hälfte der Garzeit des Huhns mit in den Ofen schieben und beides fertig garen.

Diese Weinbegleitung hat Willi dazu ausgesucht:

Luis Pérez, Fino Caberrubia, Jerez. Der wohl harmonischste und längste Fino, den ich je probiert habe. Hergestellt ohne Fortifizierung nach dem alten Asoleo-Verfahren, wirkt dieser Sherry deutlich milder als gesprittete Kandidaten. Ich liebe dieses salzige Hühnchen im Ganzen – dazu passt dieses saline Umamigeschoss einfach perfekt. Man kann trotz der 16 Prozent Volumenprozent Alkohol den Sherry einfach wie ’ne Flasche Wein trinken. Am besten belüften und temperieren wie hochwertigen, weißen Burgunder.

Eiskalt von Willi eingelocht: diese Weinbegleitung.

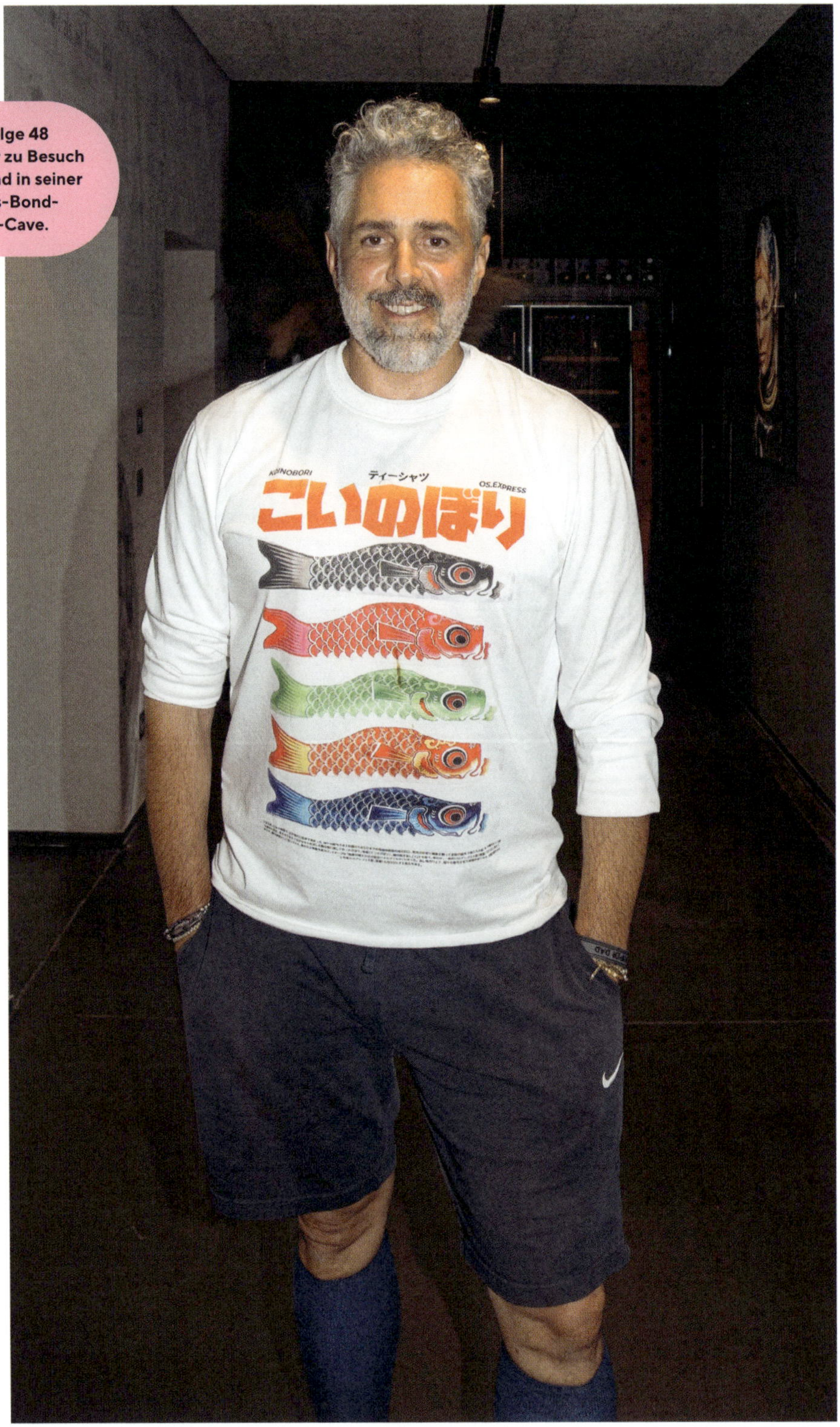

In Folge 48 waren wir zu Besuch bei Roland in seiner James-Bond-Man-Cave.

Roland Trettl: »Ich bin keine B*tch!«

Wir bleiben noch ein bisschen beim Essen und fragen Roland Trettl, wie er es als Kochprofi und Genießer mit dem Wein hält. Roland war früher einer der Köpfe hinter dem genialen Konzept des Restaurant Ikarus im Hangar-7 in Salzburg und ist heute vor allem bekannt als TV-Moderator beziehungsweise Gastgeber in dem Quotenhighlight First Dates auf VOX und als Bestsellerautor von Kochbüchern.

VON ROLAND TRETTL

Masse und Klasse

Im Wein-Game bin ich noch gar nicht so lange unterwegs. Richtig los ging es für mich erst mit der Hochzeit von Tim Raue, einem meiner liebsten Freunde. Wir waren da in einem Strandlokal auf Sizilien und fanden eine Weinkarte vor, die der absolute Wahnsinn war. Die geilsten Burgunder und und und. Und da kam ein Wein auf unseren Tisch, bei dem meine Frau und ich sagten: »Wow, das ist wirklich geil!« So was Gutes hatten wir noch nicht getrunken. So begann für uns die Faszination Wein. In Wahrheit spielt Wein aber schon seit meiner Kindheit eine Rolle. Meine Großeltern in Eppan bauten auch Wein an, ich war oft bei der Weinlese dabei. Wenn man aber genau hinschaut, dann wuchs ich in Südtirol mit eher schlechtem Wein auf. Die Trauben meiner Großeltern gingen alle an Weingenossenschaften, und dort wurde eher Masse statt Klasse produziert.

Wein am Arbeitsplatz?

Als Gastronom habe ich nie viel Wein getrunken, unter anderem, weil ich Köche erlebte, die für meinen Geschmack ein bisschen zu viel getrunken haben. Ich wollte das nicht, auch aus Respekt vor den Gästen. Meine Devise war immer: Ich trinke nichts in den Restaurants, in denen ich arbeite. Selbst in meiner Zeit bei Witzigmann hielt ich das durch – trotz der tollen Weine, die ich da hätte probieren können. Das konnte Witzigmann nur schwer verstehen, aber so war das eben. Mir ging es immer nur ums Kochen. Und das war wirklich fordernd, vor allem als kulinarischer Direktor im Ikarus. Wir hatten dort jeden Monat neue Gastköche aus der ganzen Welt, die zwei Tage bei uns in Salzburg anwesend waren, und wir kochten dann den Rest des Monats ihre Menüs originalgetreu nach. Natürlich haben wir uns mit den jeweiligen Sommeliers aus den entsprechenden Restaurants abgesprochen. In der Regel übernahmen wir deren Weinbegleitung oder überlegten uns gute Alternativen, wenn ein spezieller Wein in Salzburg nicht zu kriegen war. Ich war zu dieser Zeit unglaublich eingespannt in die aufwendige Logistik im Vorfeld, mit den ganzen Reisen in alle Welt, sodass ich froh war, mich nicht auch noch um den Wein kümmern zu müssen.

Doppler bei abnehmendem Mond

Damals habe ich mit einem riesigen Team gekocht, wir mussten sehr viele Gäste zufriedenstellen und die Gastköche natürlich auch. Nach elf Jahren war 2012 für mich Schluss im Ikarus. Ich hatte erkannt, dass ich nicht mehr in allen Details an das Konzept glaubte. Ich konnte mir auch manche Geschichten von den Köchen nicht mehr anhören. »Dass das Ei von dem Huhn so besonders gut ist, weil das Huhn von einer Ziege bei abnehmendem Mond geb**st wurde.« Also sinngemäß. Oder: »Der geschmorte Lauch mit Trüffel in den Lauchtörtchen ist so fantastisch, weil der zum Schmoren verwendete Weißwein eine so superelegante Säure hat ...« Lauchtörtchen! Was soll ich sagen? Wir haben den Originalwein zum Spaß einmal mit einem Doppler-Weißen getauscht und der Gastkoch probierte und erzählte wieder, wie geil der Lauch ist, weil der Wein so eine superelegante Säure hat ...

Ich übertreibe jetzt ein bisschen, aber teilweise war es schon sehr abgehoben und ich konnte meinen Mitarbeitern immer weniger glaubhaft machen, dass die Sachen, die die Köche so kreierten, genau die richtigen waren. Die Anfangszeit als kulinarischer Direktor im Ikarus war mega. Die ersten fünf Jahre durfte ich, die nächsten fünf Jahre musste ich. Wenn man etwas muss, dann wird es nicht mehr gut. In Wahrheit macht man so was dann aber oft zu lange, wie auch manchmal in Beziehungen. Man weiß, dass die Luft schon raus ist, bleibt aber trotzdem dabei. Aus Treue, aus Gewohnheit, vielleicht auch aus Faulheit. Ich merkte kopftechnisch und auch gesundheitlich, dass es mir nicht mehr gut damit ging. Mit meiner Frau Dani hatte ich zum Glück jemanden an der Seite, die einfach ganz klar sagte: »Roland, dann mach halt was anderes.«

Was bleibt eigentlich?

Also legte ich in der Spitzengastro eine Vollbremsung hin und suchte mir nach einer Denkpause erst mal für drei Wochen ein Praktikum als Tischler. Wer damals schon immer gesagt hat, der Trettl ist wahnsinnig, der fühlte sich jetzt bestätigt. Aber von wegen wahnsinnig: Ich stellte schnell ein paar entscheidende Dinge fest: Arbeit mit Holz ist so anders, dieser ganze Druck, den ich in der Gastro verspürte, war mit einem Schlag weg. Und ich fragte mich auch: Was bleibt eigentlich von meiner Arbeit? Wenn ich als Tischler ein Möbelstück herstelle, dann steht das vielleicht ein Leben lang in einem Haus. Essen hingegen geht sehr schnell in einen anderen Zustand über. Ich trinke die geilsten Weine und pinkle sie noch am selben Abend ins Klo. Ich will damit nicht sagen, dass mit gutem Essen und tollem Wein keine ganz tollen Momente und Gefühle verbunden sein können. Aber das ist extrem davon abhängig, wie ich mich beim Genuss von gutem Wein und Essen fühle. Eventuell kann mir schon eine blöde WhatsApp den Genuss versauen. Das gilt auch mit Blick auf den Gast, denn als Koch musst du dir eigentlich von jedem Gast wünschen, dass er zu 100 Prozent bei dir ist. Wenn der Gast aber nicht gut drauf ist, kannst du machen, was du willst, dann können Essen und Wein so gut sein, wie sie wollen. Es wird kein Genuss. Und du fühlst dich als Gastgeber dafür verantwortlich. Das ist schon ein großer Druck, und der war nach meinem Ausstieg auch gleich weg.

Ein Brett für den Godfather

Was Qualität in der Küche bedeutet, habe ich vor allem in meiner Zeit bei Eckart Witzigmann gelernt. Dass ich dort arbeiten konnte, war einer der größten Glücksfälle für mich. Ich war ja alles andere als ein Karrierist in der Küche. Ich bin schon mit 14 von der Schule weg. Ich dachte damals großspurig: »Das reicht jetzt.« Das dachten bestimmt auch meine Lehrer. Mit 15 begann ich eine Kochlehre und arbeitete anschließend als Koch. Nebenbei war ich DJ in der Disco, die meine Eltern in einem Hotel betrieben. Das Nightlife gefiel mir sehr gut, aber ein bisschen karriereorientiert war ich dann doch. Denn mit 21 bewarb ich mich in München bei Eckart Witzigmann. Ich schrieb meine Bewerbung auf ein Holzbrett. Ich hatte ja keine Sterne-Erfahrung zu vermelden und wollte mit dem Holzbrett auffallen. Was auch prompt klappte: Ich wurde eingeladen. Für den Termin habe ich mich nicht verkleidet, ich bin genau so nach München gekommen, wie ich in meiner Freizeit immer rumlief. Witzigmann schaute mich an und fragte nur: »Wann kannst du anfangen?«

Witzigmann ist für mich bis heute der Godfather, der mich inspiriert hat - positiv wie negativ. Ich habe mich gefragt: Wie will ich sein, wie will ich nicht sein? Mitgenommen aus dieser Zeit habe ich neben dem Handwerk vor allem den Respekt vor den Lebensmitteln. Manche Dinge in der Küche sind mir bis heute egal – Messer, Holzbrett, Töpfe. Aber nie die Lebensmittel! Und dabei geht es mir nicht um Schlagworte wie Regionalität, an die sich heute viele als Konzept festkrallen. Nur weil es nicht mehr wie früher selbstverständlich ist, dass man vor allem das aus der näheren Umgebung nimmt, muss man damit doch heute nicht den Gast behelligen! Ich möchte jedenfalls als Gast nicht belehrt werden, schon gar nicht mit so einer Ernsthaftigkeit. Kein erhobener Zeigefinger, der darf in der Gastro nicht stattfinden. Es darf und soll gerne nachhaltig sein, aber bitte ohne Kilometerangaben!

Gerne ohne Sterne

Um Sterne ging es mir nie. Die sind heute eh inflationär. Wenn ich zurückgehe in die Siebzigerjahre, als Witzigmann seine drei Sterne hatte, dann war das noch eine ganz andere Ausgangslage. Er musste schauen, wo er seine speziellen Lebensmittel herbekommt. Heute ist nichts mehr speziell, alles ist verfügbar. Was du heute im 3-Sterne-Lokal bekommst, den richtig guten Thunfisch, den bekomme ich im Sushi-Laden in Köln ebenso. Geile Weine, die es im 3-Sterne-Lokal gibt, kriege ich zum Teil sogar in einer guten Pizzeria. Das war mal ganz anders. Wenn ich früher eine Bresse-Poularde essen wollte, musste ich in ein Sternelokal gehen. Man muss es aber ganz klar sagen: Sterne sind ein Geschäft, da geht es nicht um Genuss, das ist in erster Linie Business. Wenn ich mich als Gastronom auf diesen Wettstreit einlasse, was für eine Bitch bin ich dann? Sorry an alle Sterneköche, aber für mich ist das nichts. Wettbewerb macht mich nicht glücklich. Viele Leute lassen sich in dieses Geschäft hineinpressen. Der Zusammenhalt in der Gastronomie ist nicht groß, auch wenn manchmal so getan wird. Wegen dieser Konkurrenzsituation nehmen sich die Tester auch so viel heraus. Wenn sich die Köche alle einig wären, dann würden sie wissen, dass ohne sie für die Tester gar nichts geht.

Genuss ohne Druck

Heute kann ich beim Essen und Trinken viel besser genießen, weil ich bei diesem Thema keinen Druck mehr verspüre. Klar, beim Wein verlasse ich meine Komfortzone. Da bin ich nicht der große Checker und Kenner, sondern eher der Entdecker. Ich begebe mich gerne in die Hände von guten Sommeliers und lasse mir Weine empfehlen. Was mir aber generell wichtig ist beim Wein: ein bisschen Geschichte sollte er immer haben. Deswegen habe ich als gebürtiger Südtiroler durchaus auch ein Faible für Wein aus Südtirol, etwa für den Rosé Lagrein Kretzer. Der Begriff »Kretzer« bezeichnet übrigens den geflochtenen Korb für den Transport von Trauben, so wie ich es auch noch von meinen Großeltern kenne. Natürlich schwingt da ein Heimatgefühl mit wie bei Willi und seiner Vorliebe für Blaufränkischen. Ich verkläre da nichts und möchte nicht mehr in Südtirol leben, das wäre mir zu eng. Aber ich verstehe auch, warum die Leute dort so sind. Wenn man sich in die Geschichte Südtirols einliest, weiß man das. Ich frage mich: Was sind die Wurzeln? Wo kommen die Sachen her? So was interessiert mich auch beim Einkauf und beim Trinken von Wein. Schmecken muss er natürlich auch.

ROLANDS
Kürbiskern-Rotwein-Risotto

Zutaten

- 1 rote Zwiebel
- 80 g Bauchspeck
- 30 ml Olivenöl
- 30 g Kürbiskerne, gehackt und geröstet
- 200 g Risottoreis, am besten Carnaroli-Risottoreis
- 400 ml frisch entsafteter Kürbissaft vom Hokkaidokürbis
- etwas Salz
- 1 Prise Pfeffer
- 1 Prise Piment d'Espelette
- 250 ml Hühnerfond
- 40 g kalte Butter
- 50 g Parmesan
- 40 g Räucher-schottenkäse
- ½ Bund Schnittlauch
- 30 ml Kürbiskernöl
- 80 ml Rotweinreduktion aus 1 Flasche Blaufränkischem

So wird's gemacht

Die Zwiebel schälen, danach Zwiebel und Bauchspeck fein würfeln. Das Olivenöl in einem Topf erhitzen und darin die Zwiebel- und Bauchspeckwürfel bei mittlerer Temperatur farblos anschwitzen. Die gehackten Kürbiskerne und den Risottoreis zugeben und nur kurz verrühren. Dann mit 200 g Kürbissaft aufgießen. Mit Salz, Pfeffer und Piment d'Espelette würzen und den Reis sanft köcheln lassen.

Das Risotto nicht zu stark rühren und sobald die Flüssigkeit vom Reis aufgesogen wurde, erneut Kürbissaft und Hühnerfond angießen.

In der Zwischenzeit die kalte Butter in Würfel schneiden. Den Parmesan und den Räucherschottenkäse fein reiben. Den Schnittlauch in feine Röllchen schneiden.

Sobald die Reiskörner bissfest gegart sind, den Topf sofort vom Herd nehmen. Die Butterstückchen, den fein geriebenen Parmesan, den fein geriebenen Räucherschotten sowie Kürbiskernöl und Rotweinreduktion in den Topf geben. Den Topf, ohne vorher umzurühren, mit einem Deckel verschließen und alles 1–2 Minuten ruhen lassen.

Erst jetzt alles mit einem Kochlöffel kräftig verrühren. Je nach Bedarf noch etwas Rotweinreduktion zugeben. Das Risotto immer wieder durchschwenken und sämig binden. Zum Schluss mit Salz, Pfeffer und Kürbiskernöl abschmecken.

Zum Anrichten das Kürbiskern-Rotwein-Risotto auf tiefe Teller verteilen und nach Belieben mit ein paar Tropfen Kürbiskernöl und Rotweinreduktion beträufeln.

Weinbegleitung

Eisenberg Reserve vom Weingut Krutzler, saftiger Blaufränkisch in Reinkultur. Die Reben kommen großteils aus Deutsch-Schützen, wo der Boden mehr Lehmauflage hat, deshalb ist der Wein saftiger und etwas voller als die schiefrigen Eisenberger. 30 Prozent Neuholzanteil macht den Wein auch etwas runder. In der Nase hat man viel Flieder, dunkelrote Früchte und Liebstöckel. Am Gaumen eine angenehme Fülle und eine frische, gut stützende Säure, die das Risotto perfekt unterstreicht.

Und was trinkt Roland sonst?

Seit Neuestem Welschriesling. Vor allem von der Familie Tement in der Südsteiermark. Der Ottenberg Veitlhansl ist der perfekte Everyday-Wein. Als Apéro, zu leichtem Fisch oder Geflügelgerichten, aber auch einfach so ohne was zum Essen.

Perfekt für den Mitternachtssnack nach Rolands Risotto: random Sandwiches.

DAS HIER GAB'S IN

PODCAST-FOLGE

73 AUF DEM WEINGUT DIEL ZU ESSEN

Gougères au Comté

Teig für 6 Personen

- ¼ l Wasser
- 80 g Butter
- 1 TL Salz
- 150 g Mehl
- 4 Eier
- 150 g geriebener Comté
- Muskatnuss
- Pfeffer

Zubereitung der Gougères

Den Ofen auf 200 °C vorheizen.

In einem Topf 0,25 l Wasser mit der in Stücke geschnittenen Butter und einem Teelöffel Salz zum Kochen bringen.

Vom Herd nehmen, das gesiebte Mehl auf einmal dazugeben und kräftig umrühren.

1 Minute lang bei schwacher Hitze abbrennen*.

Kurz auskühlen lassen.

Die Eier einzeln unterrühren und gut verrühren.

Den Comté, Muskatnuss und Pfeffer hinzufügen.

Ein Blech mit Backpapier auslegen und mit 2 Teelöffeln kleine Häufchen auf das Blech setzen.

Für 25 Minuten in den Ofen schieben!

***Abbrennen** ist eine Methode, mit der sogenannter Brandteig (aus Wasser, Butter und Mehl) im Kochtopf zubereitet wird. Der Teig wird unter Hitze im Topf so lange gerührt, bis er sich kloßartig vom Topfboden löst. Diese Technik wird beispielsweise für die Herstellung von Windbeuteln oder ähnliche Gebäckteile aus Brandteig verwendet. Wenn im Rezept von »schwacher Hitze« gesprochen wird. dann aus folgendem Grund: Der Teig darf nicht anbrennen! Achtet also auf die Temperatur!

10-Stunden-Rind

Zutaten für 8 Portionen

- 3 EL Olivenöl
- 2 kg Rinderbug
- ½ Kalbsfuß
- 4 Karotten
- 3 Zwiebeln
- 2 Knoblauchzehen
- 1 Selleriestange
- 50 g gewürfelter geräucherter Speck
- Lorbeerblätter
- Thymian
- Rosmarin
- 3 Nelken
- 2 Flaschen Rotwein + evtl. etwas mehr
- Salz
- Pfeffer
- 180 g Butter

Zubereitung

3 Esslöffel Olivenöl in einem Bräter erhitzen, der höher ist als das Fleisch. Das Fleisch in den Schmortopf legen und von allen Seiten anbraten. Das Fleisch herausnehmen.

Den Ofen auf 120 °C vorheizen.

Das Gemüse waschen. Karotten, Zwiebeln und Knoblauch schälen. Alle Gemüsesorten in Würfel schneiden und im Topf anbraten. Bei Bedarf Öl nachgießen. Speck, Lorbeerblätter, Thymian, Rosmarin und Nelken dazugeben.

Wenn das Gemüse gar ist, den Wein angießen. Zum Kochen bringen und 5 Minuten köcheln lassen. Vom Herd nehmen, mit Salz und Pfeffer würzen.

Das Fleisch und den Kalbsfuß in den Topf geben. Wenn das Fleisch nicht ganz eingetaucht ist, Wasser oder besser noch Wein hinzufügen! Abdecken und in den Ofen schieben.

10 Stunden garen lassen.

Am Ende der Garzeit das Fleisch abtropfen und abkühlen lassen. Mit Frischhaltefolie umwickeln und für mindestens 12 Stunden im Kühlschrank ruhen lassen.

Für die Sauce das Fett an der Oberfläche entfernen und durch ein Sieb gießen.

Die Sauce um zwei Drittel einkochen lassen. 180 g Butter in Stücken dazugeben und mit dem Pürierstab aufschäumen.

Das Fleisch in Scheiben schneiden und in der Pfanne warm machen.

Beilagen

Ideal mit Ofenkartoffeln oder cremiger Polenta!

Tarte Tatin

Zutaten

- 1,5 kg Äpfel (z. B. Golden Delicious)
- 200 g Zucker
- 130 g Butter
- 1 Rolle Blätterteig (am besten rund und mit echter Butter!)

Zubereitung

Die Äpfel schälen, vierteln und entkernen.

Backofen auf 180 °C Umluft vorheizen.

In einem Topf, Zucker karamellisieren lassen und dann dazu Butter unterrühren.

Das Karamell in ein gusseisernen Tarte-Tatin-Form gießen und die Äpfel darauflegen, schön angeordnet natürlich.

Den Blätterteig über die Form stülpen und vorsichtig den Rand mit den Fingern andrücken.

Die Form direkt in den Ofen geben und circa 25 Minuten backen.

Die Tarte aus dem Ofen holen und circa 10 Minuten ruhen lassen. Damit das Karamell nicht zu hart wird, direkt auf eine Tortenplatte stützen. Vorsicht, Karamell ist heiß!

Tipp

Am besten die Tarte lauwarm mit Crème fraîche aus der Normandie servieren!

DEKMATEL

7

Ein bisserl runder im Ablauf:

WEIN UND RAUSCH

Willi: Was wir als Jugendliche fast nie taten – und das mag ich heute auch nicht: dass ich mich einfach wegen der Wirkung besaufe. Aber wenn man viel probiert, dann ist der Rausch meist nicht weit. Rausch bedeutet für mich nicht Vollrausch, damit das gleich mal klar ist. Es geht eher um ein lässiges Mitbeschwindeln, wenn man sagt: »Okay, jetzt bin ich schon ein bisschen rauschig.« Das ist schon geil. Ich könnte mich nie mit Wodka besaufen, das würde mich furchtbar fadisieren. Mir geht es immer um den Geschmack. Ich will die nächste Flasche probieren und die nächste Flasche und wie schmeckt dieser Wein und dieser? Und wenn du in dem Kontext ein bisschen rauschig wirst, ist das super. Aber einfach mit irgendwas besaufen, gäbe mir überhaupt nichts. Heute, im eigenen Lokal, mache ich schon mal einen alkoholfreien Tag oder zwei, aber eigentlich trinken wir von der Bar schon ganz gern ein bisschen mit. Oder man trinkt halt einen weißen Spritzer, diesen kleinen Kick, der das Ganze ein bisschen runder gestaltet, auch im Service-Ablauf.

Weißer Spritzer

Jetzt haben wir den weißen Spritzer schon ein paarmal erwähnt. Es wird Zeit, sich der Sache intensiver zu widmen. Also, was ist weißer Spritzer? Die österreichische Weißweinschorle. Nur viel geiler. Das Geheimnis: guten Wein verwenden, denn Kohlensäure verstärkt die Aromen. Willi empfiehlt Weine mit ordentlich Säure: Riesling, Grüner Veltliner oder Welschriesling. Oder für einen Touch Sommerduft trockenen Muskateller. Wein wie Wasser sollten eiskalt sein, dabei niemals Eiswürfel verwenden, sondern ein dickwandiges Glas, damit die Temperatur hält. Lange bleibt der weiße Spritzer eh nicht im Glas, denn bei einem Mischverhältnis von zwei Drittel Wasser zu einem Drittel Wein zischt man das Zeug eh einfach nur weg. Und das ist auch der Unterschied zur deutschen Weinschorle, die ja eher ein Wein mit 'nem Schuss Sprudel ist. Da sagen wir: Das ist nix Halbes und nix Ganzes. Klarer Vorteil: weißer Spritzer – der beste Durstlöscher der Welt.

DISCO

Curly: Wir wollten als Jugendliche immer, dass es richtig knallt, da hätte es der weiße Spritzer sicher nicht getan. Wenn einer von uns in der Gang Geburtstag hatte, kauften wir 100 Dosen Billigbier und bauten auf der Tischtennisplatte auf dem Schulhof eine Pyramide. Dann rief jemand aus der Nachbarschaft zu Hause an und sagte zu meiner Mutter: »Ihr Sohn ist wieder auf dem Schulhof. Die trinken Bier, rauchen Gras und hören Musik mit dem Ghettoblaster.« Das hat meine Mutter natürlich nicht gefreut, sie war ja Bürgermeisterin in unserem Dorf und stand dadurch ein bisschen in der Öffentlichkeit. Statt Billigbier oder Jägermeister gab es auch mal roten Wodka, nicht mal den Jelzin, sondern den Rachmaninoff aus dem Supermarkt. Ja, den Blutorangen-Wodka, so was haben wir damals gesoffen. Aber Wein? Den kannte ich gerade mal als Schorle rot-süß aus dem Musikverein zu Hause. Da spielte ich Klarinette und die anderen tranken immer Schorle.

Heute ist natürlich alles anders, meine Dröhn-Phase habe ich hinter mir. Von gutem Wein hat man einen besseren Rausch als von schlechtem, und erst recht, als wenn man sich mit Wodka oder Jägermeister wegballert. Mache ich eh nicht mehr, dass ich mich komplett wegschieße, also in der Regel. Ich kann mich allerdings an eine Ausnahme, nämlich die La Paulée im Grill Royal, erinnern. Das, was Willi oben schon angedeutet hat. Da saßen an einem Tisch Winzer, Profis und Zivilisten zusammen. Wir redeten über Wein, und die zeigten uns die ganzen guten Sachen. Und ich probierte dies noch und das noch. Und plötzlich war ich so betrunken, dass ich mich anschließend ein halbes Jahr nicht mehr in den Grill Royal traute. Am Tag danach wachte ich auf und dachte: »Mist, jetzt muss ich mich bei 30 Leuten entschuldigen! Belastend.« Dann musste ich erst mal so ein bisschen vorfühlen, was gelaufen ist an dem Abend, und entschuldigte mich. Jetzt ist wieder alles gut. Es war auf jeden Fall ein wilder Abend. Und vielleicht hat irgendwer irgendwem eine geklebt, hinten im Raucherraum. Schwamm drüber.

Wein trinkt man auch nicht so schnell. Es bleibt ganz entspannt. Außerdem gibt es ja Unterschiede beim Wein. Wenn du einen Kabinett trinkst mit 8 Prozent oder einen Spätburgunder mit 14 Prozent, das hat schon eine andere Wirkung, logisch. Du kannst den Rausch also schon ein bisschen steuern. Deshalb gefällt es mir als Kabinett-Liebhaber, wenn man im Sommer mal eine Flasche mehr trinken kann, ohne gleich vom Barhocker zu kippen.

Willi: Ich würde den Rausch gerne länger hinauszögern. Es ärgert mich, wenn man zu schnell betrunken ist. Am nächsten Tag ist man natürlich immer gescheiter und sagt: Mein Gott, das nächste Mal fangen wir gleich mit dem besten Wein an und zum Schluss trinken wir was Normales. Das macht man allerdings nie, man nimmt zum Schluss immer den Besseren. Der Mensch ist halt auf »höher, schneller, weiter« getrimmt. Ich habe es jedenfalls noch nicht erlebt, dass man zurücktrinkt, dass man gleich mit dem ganz Guten anfängt.

Ich glaube, dass der Rausch beim Wein wichtig ist, weil ohne Rausch wären wir nicht so gesellig. Natürlich wären die Gespräche auch nicht so super. Ich glaube, Wein wäre nicht die Hälfte wert, wenn es nicht den Rauschfaktor geben würde. Und damit meine ich ausdrücklich nicht, dass man sich komplett abschießt. Der Weinrausch beschwingt mich, er macht mich nie müde, egal, was ich trinke, auch einen Roten, ich werde nie müde. Bier hingegen macht mich total müde. Bei Wein werde ich immer redselig, anders als bei sonstigen Alkoholika.

Reden ist das eine, aber an der Bar muss ich natürlich auch zuhören können. Da bin ich Wirt, Psychiater oder Psychologe in einer Person. Ich finde, das gehört dazu. Und meistens höre ich auch gerne zu. Natürlich kommt es vor, dass Gäste bei uns in der Freundschaft so besoffen sind, dass es nicht mehr lustig ist. Ich glaube, der Rausch muss schon gelernt sein. Die Regel ist eigentlich ganz einfach: Wenn ich genug habe oder ich merke, ich werde jetzt ausfallend, dann sollte ich besser aufhören. Manche Leute checken das leider nicht. Da kann es schon mal nervig werden. Ich bin sicher niemand, der irgendwen vom Trinken abhalten will. Aber mittlerweile sage ich dann schon mal: »Glaubst ned, dass heit scho reicht?«

Curly: Alkohol ist ein klassischer Verstärkungsfaktor der Persönlichkeit: Wenn du ein Idiot bist, dann bist du halt im Rausch ein richtiger Idiot. Das merkt man relativ schnell. Das kehrt schon das Innere nach außen. Ich hätte es früher auf jeden Fall manchmal schon gebrauchen können, dass mir einer sagt: »Geh jetzt lieber nach Hause!« Aber wie gesagt, sich auf ein Ich-kotze-in-die-Bar-und-beleidige-Menschen-Level zu saufen, ist mit Wein schon erheblich schwieriger als mit Hard Alk. Und seit ich bevorzugt Wein trinke, bin ich immer auf einem entspannten Level. Also fast immer.

8

Sophie Passmann:

SAUFEN & Schreiben

Also, folgendermaßen …

» Es gibt zu viel Kitsch um Kneipen, Bars und all die anderen Orte, an denen man sich ein Getränk mit Alkohol in ein Glas schütten lassen kann. Meistens sind es eben gar nicht diese magischen Plätze, an denen jede Nacht die wundervollsten Begegnungen vonstattengehen, sondern einfach Orte, an denen viele Menschen, die sich nicht kennen, Alkohol trinken.

Die eine Frage ist, wieso man dann trotzdem hingeht, wenn man ja weiß, dass der Abend, den man dort verbringen wird, eher gewöhnlich bleibt. Die andere Frage ist, wieso man sich nicht einfach eingestehen kann, dass es ein Ort ist, an dem man trinkt, an dem nichts weiter passiert, an dem die Leute lallen und taumeln und sich gegenseitig fest an den Schultern packen und sich eindringlich Dinge versprechen, die sie am nächsten Morgen schon wieder vergessen haben.

Wahrscheinlich sind Leute wie ich an all dem schuld. Leute wie ich sind: Leute, die hauptberuflich schreiben. Autorinnen. Journalisten. Künstler. Meinetwegen auch Dichter. An meinem Berufsstand hängt das Klischee, dass wir vermeintlich dauerrauchende, von der Traurigkeit gebeutelte Künstlerseelen seien, die die Nächte an den Theken der Spelunken ihrer Stadt hinter sich bringen. Autoren und Gastronomen scheinen diese popkulturell aufgeladenen Freundschaften zu pflegen, Journalisten interviewen die Besitzer ihrer Münchner Stammbars, als kennten sie die Bedeutung des Wortes »Nepotismus« nicht, es werden unter Beschwörung urbaner Legenden Messingschilder an Stammplätze hinter Bars angebracht, es gibt Gemauschel, welchen Autor man treffen kann, wenn man nur am richtigen Wochentag im richtigen Viertel das richtige Restaurant aufsucht. Autoren sitzen in ihren Lieblingskneipen rum, als wären sie keine Menschen, sondern besonders sorgsam ausgewählte Inneneinrichtungsgegenstände, und wenn sie dann gegen frühen Morgen aus diesen Orten nach Hause taumeln, sind ihre Herzen so voll mit Pathos und

Gemeinsinn und Zugehörigkeit, dass sie sich vornehmen, genau das zu tun, was sie immer tun, wenn ihre Herzen zu voll sind: Sie schreiben.

Und wenn wir schreiben, dann verherrlichen wir nicht nur die Magie der Orte, an denen wir unser Geld so gerne lassen, wir verherrlichen auch den Rausch als solchen, wir verherrlichen das, was er mit unseren Leben anstellt, mit unserer Arbeit, mit den Menschen, mit denen wir gerne Zeit verbringen. Wir schreiben das, was die Gastronomen brauchen, um durch den Tag zu kommen: kleine Pamphlete, die den exzessiven Alkoholkonsum, mit dem sie jeden Tag konfrontiert werden, besser dastehen lassen, als er in Wirklichkeit natürlich ist. Und die Gastronomen geben uns im Gegenzug das, was wir brauchen, um diese Pamphlete mit ausreichend Verve zu Ende schreiben zu können: Alkohol. In rauen Mengen. Zum Einkaufspreis.

Ein Teil der Wahrheit ist aber auch, dass beides wirklich irre einfach ist, das Saufen und das Schreiben übers Saufen. Es ist die ungefragte Verteidigung eines Volkssports, der ohnehin an jeder Ecke der Bundesrepublik verteidigt und gepflegt wird, es ist eine der wenigen Situationen, in denen man als Autor damit durchkommt, das zu schreiben, was die meisten denken, fühlen und tun, und dennoch als subversiv durchzugehen. Der Exzess ist immer ein dankbares Thema, das Schwarz und das Weiß lässt sich gut beschreiben. Sehr gute Texte passieren allerdings leider oft im Graubereich.

Vielleicht sollte man anfangen, auch über das Nichtsaufen zu sprechen. Denn das Nichtsaufen ist das, um das es eigentlich viel öfter geht, die Leerstelle und das Ausbleiben des Konsumierens. Je öfter gesoffen wird, desto weniger geht es noch ums Saufen, desto mehr geht es um die Frage, wieso und wann überhaupt noch nicht gesoffen wird. Je mehr gesoffen wird, desto mysteriöser wird das Nüchternbleiben. Was Gastronomen und Autoren auch gemeinsam haben: Wenn man sie an einem normalen Werktag erwischt, wenn die Sonne noch scheint, in einem Café an einem Straßenrand, wenn sie sich einen Cappuccino bestellen und gerade nicht das Gefühl haben, die Rolle zu spielen, für die sie in der Regel bezahlt werden, reden sie mit wenigen Ausnahmen früher oder später über die Sehnsucht nach der Nüchternheit. Es ist ein kompliziertes Gefühl, weil es eben weder von dem Krankheitsbild des Alkoholismus eingefangen wird noch dadurch genauer zu beschreiben ist, indem man vehement behauptet, kein Problem mit Alkohol zu haben. Man ist im Irgendwo-

Dazwischen. An dem Ort, an dem man aufhören kann zu trinken, sich aber ein Leben gebaut hat, in dem einem auf Anhieb kein Grund einfällt, wieso man es tun sollte. Dann rühren sie alle, die Autoren und die Gastronomen, in ihren Kaffeegetränken und sprechen das meiste nicht aus, weil sie es ja ohnehin gemeinsam erleben. Da sind zum einen die euphorischen Exzesse, die Nächte, die nicht enden wollen, die durch Stürze von Fahrrädern und dem Besuch der Bullen höchstens kurz unterbrochen werden, in denen sich hektische Lieben finden, die immer den größten Spaß daran haben, nicht die frische Liebe nachzuspielen, sondern die vertrauten Ehen, das sind diese Abende, an die man sich im Nachhinein mit Ehrfurcht erinnert, weil man weiß: Wären die Nächte alle so, wäre Nüchternheit tatsächlich nur noch ein abstraktes Konzept.

Aber es gibt eben auch die Morgenstunden, die, die man vielleicht in Masse nur überlebt, weil man in einem Land lebt, das die körperlichen Symptome eines Katers verkultet und bespaßt betrachtet, das gliederschwere Laufen in die Küche, die zugekniffenen Augen beim Versuch, sich einen Kaffee zuzubereiten, ohne schon so viel Helligkeit ins System zu lassen, dass bereits vor dem ersten Schluck die absolut erwartbare Kopfwehattacke kommt. Das schnelle Trinken, das Einverleiben von Koffein und fettigen Speisen, beides ohne das verlässliche Wissen darum, ob es zur Verbesserung des Wohlbefindens oder zu akutem Brechdurchfall führen wird. Das immer wieder neue Timing des Kurierens, all das gehört zum Alkohol. Wir haben es erfolgreich zu einem Witz gemacht.

Was in Wahrheit ja hinter den vielleicht noch unterhaltsamen körperlichen Abläufen, die man glaubt, verdient zu haben, weil man sich Stunden zuvor noch literweise Nervengift ins Maul gegossen hat, lauert, ist der psychische Verfall, der eben nicht nach zwei Tagen Kater aufhört. Er schleicht sich in alle Phasen des Saufens und eben auch des Nichtsaufens, es ist, als könnte man ihm nicht entkommen, weswegen das Nichtsaufen mit jedem Tag mehr sinnlos erscheint.

Da ist zum einen die Angst, die sich der Kopf aus all den Symptomen, die er im eigenen Körper finden kann, zusammenbaut: der rasende Puls, die Schweißausbrüche, der schwankende Blutzucker, die Übelkeit. Der Kopf hat keine andere Wahl, als zu denken, dass das Panik oder mindestens Bedrängnis ist, in der der Mensch sich befindet, also erzeugt er dieses diffuse Gefühl von psychischem Unwohlsein, von Ermattung, es ist die absolute Abwesenheit von Fröhlichkeit. Da ist dann zum anderen die körperliche Schwäche, die genau dann einsetzt, wenn der Kopf sich beruhigt hat, wenn er bereit ist, die grundsätzliche Gutheit der Welt wieder anzuerkennen. Genau dann, wenn der Kopf einen Spaziergang bräuchte oder Kontakt zu anderen Menschen, setzt die Muskelschwäche ein und der stechende Kopfschmerz, der die Psyche in das nächste selbst induzierte Tief reinzwingt. Anschließend kommt dann die Scham, von der egal ist, wie sehr man sie als Konzept aus dem eigenen Leben entfernt hat, sie wird sich in die Fragmente von Erinnerungen schleichen.

Und dann, wenn der Alkohol und die Erinnerungen aus dem System sind, kommen die Abende, an denen man im Restaurant nur ein Glas trinkt, vielleicht zwei, und beim Nachhausegehen denkt, man hätte das schon gut verstanden mit dem Nichtsaufen, bis man dann im Bett liegt und einem das Herz bis zum Hals schlägt, als wäre man kurz vorm Infarkt, und dann fragt man sich, ob man dem Leiden überhaupt entkommen kann, ob das Asketische überhaupt belohnt wird, ob das Nicht- und das Wenigsaufen überhaupt noch etwas bringen. Und schließlich, wenn man ein paar Abende versuchsweise nichts getrunken hat, sein Leben aber weiterführt, weil man eben Gastronom oder Autor ist oder einfach einer dieser kultigen Sporttrinker mit Festanstellung, merkt man, dass man keine Antwort auf die Frage hat, ob man all die Menschen, mit denen man Zeit verbringt, wirklich dauerhaft nüchtern ertragen würde. Man geht nach Hause und weiß schon bevor man es als Entschluss wirklich formuliert hat, dass man die meisten Leute dauerhaft nüchtern gar nicht ertragen möchte. Und diese Einsicht macht einen so traurig, dass man – noch bevor man den Schlüssel in die eigene Wohnungstür gesteckt hat – heimlich entschieden hat, einfach weiter zu saufen «

9

Curly

macht ein Fass auf

Curly's Golden Rules

1. Im Studio: Champagner, zuckerhaltige Snacks und Eistee beleben die Kreativität – für Hits bitte Krug.

2. Immer mindestens zwei Flaschen Kabi im Kühlschrank haben.

3. Wenn du in eine neue Stadt kommst, erst mal nach McDonald's, Bubatz-Plug und Weinladen suchen.

4. Wenn Willi bestellt, Willi bestellen lassen.

5. Nicht mit Vegetariern oder trockenen Alkoholikern ins Grill Royal gehen.

6. Immer Süßigkeiten neben das Bett legen, sonst muss man nachts aufstehen, wenn Munchies kicken.

7. Wenn man Rot- und Weißwein mischt, ist das kein Rosé.

8. »Burgund Bordeaux«

9. Mosel alles

10. Shit, ich hab nur neun.

Curly: meine Roots im Süden

Ich komme aus einem Dorf an der Schweizer Grenze bei Basel, da ist es generell irgendwie nicer, das Wetter ist schöner, ein bisschen die Toskana Deutschlands. Das vermisse ich schon manchmal. Ich bin sehr heimatverbunden und telefoniere jeden Tag mit meiner Mutter. Meine Eltern haben mich immer krass supportet, obwohl das anfangs sicher nicht alles nach ihren Vorstellungen war, was ich so getrieben habe. Meine Mutter hat mich aber von Anfang an bei allen musikalischen Vorhaben unterstützt. Sie selbst wollte früher mal Ballett tanzen und auch gerne mal nach New York. Was natürlich nicht ging, denn sie musste in der Landwirtschaft arbeiten. Und deshalb sagte sie zu mir: »Na ja, dann mach zumindest du was Künstlerisches.« Überhaupt, Shoutout, Mama: Als ich sie angerufen habe, bevor ich mich neben Karl Lauterbach als Kiff-Botschafter zu *Hart aber fair* ins Fernsehen gesetzt habe, hat sie cool reagiert. Und natürlich, Shoutout, Kollege Karl Lauterbach: Nur hättest du mich nicht unbedingt auf der Afterparty mit Corona anstecken müssen.

Als das mit der Musik losging und ich mit dem Ba-Wü-Ticket jedes Wochenende zu Freestyle-Battles gefahren bin, war mein Vater schon ziemlich skeptisch, als er langsam gecheckt hat, dass das mein Leben werden könnte. Er hätte gerne gehabt, dass ich einen Ingenieursberuf oder irgendwas anderes mit Hand und Fuß ergreife, so wie er. Aber als Jahre später die ersten Goldenen Platten kamen, war der Job dann auch ganz okay für meine Eltern. Klar machen die sich erst mal Sorgen, wenn der Bub nach Berlin geht, Rapper ist und davon seinen Lebensunterhalt bestreiten will. Aber mittlerweile sind sie cool damit und erzählen das im Dorf rum. Beziehungsweise: Inzwischen schickt der Bürgermeister eine WhatsApp, wenn er mich im Fernsehen sieht. Und: Meine Eltern hören unseren Podcast, wie sich das gehört.

Studium so nebenher

Ich bin mit 18 von zu Hause weg nach Stuttgart. Dort gründeten wir unser erstes Hip-Hop-Label in der WG: Schnitzelfett Entertainment. Lol. Alle haben da gerappt oder Beats produziert. Fast wäre ich in der Zeit noch

Animateur geworden. Ich brauchte Geld und hatte voll Bock darauf, zumindest auf die Version, die ich mir vorstellte: immer schöne Orte, Sonne, Meer, Spaß. Bevor ich den Vertrag bei Thomas Cook hätte unterschreiben sollen, war ich noch mal testweise zwei Wochen in der Türkei, um meinen besten Homie zu besuchen, der den Job schon machte. Da merkte ich schnell, wie krank das war: Die Animateur*innen müssen abends immer mit den Leuten saufen, Gästekontakt pflegen und dann trotzdem um 7.30 Uhr am nächsten Morgen zur Teambesprechung antanzen. Mir war gleich klar: Sechs Monate, die so eine Saison dauert, und ich bin Alkoholiker oder tot. Unter anderem wurde mir das klar, als ich am ersten Abend nach zwei Litern Long Island Iced Tea in einer Glasvitrine gelandet bin und den Bus abwechselnd vollgekotzt und -geblutet habe. So viel zum Thema Hard Alk, siehe oben.

Und deshalb habe ich gesagt: Mach ich nicht. Sondern was ganz anderes, nämlich studieren. Und zwar Musikwissenschaft, in Karlsruhe. Am Anfang bin ich noch jeden Tag aus Stuttgart gependelt. Mit dem TGV, also in style, wie ihr das von mir kennt. Irgendwann war mir das aber zu blöd und ich zog nach Karlsruhe, wieder in eine WG. Ein legendäres Lineup von WG-Bewohnern: Schote (Rapper), Enaka (Producer) ich und Max Williams, heute das Brain hinter den guten Witzen von Joko und Klaas und Stimme des extrem lustigen Podcasts Endstation Urlaub. Mit Max gründete ich dann meine Band Le Grand Uff Zaque, Drum-'n'-Bass-Jazz-Funk mit mir am Mikro.

Wir spielten Gigs in ganz Europa von der Vernissage bis zum Techno-Rave und auf großen Festivals. Das Studium lief so nebenher, aber ey, wenn ihr mir fünf Minuten gebt, kann ich einen vierstimmigen Satz für ein Streichquartett schreiben. Hättet ihr das gedacht?

Allerdings bestand an der Uni Anwesenheitspflicht, und weil wir teilweise Vorlesungen mit nur sieben Leuten hatten, war Schwänzen schwierig. Das hat genervt, aber irgendwie habe ich es hingekriegt. Danach fing ich an der Popakademie meinen Masterstudiengang an, das hieß also wieder pendeln, diesmal von Karlsruhe nach Mannheim. Allerdings stieg ich kurz vor einer Prüfung aus, ich musste mich entscheiden: Mache ich jetzt mein Studium fertig oder schreibe ich das neue *Culcha Candela*-Album in Berlin? Da gab es ehrlicherweise nicht viel zu überlegen, und kurz darauf saß ich in Berlin im fancy Studio des nhow-Hotels, hoch über der Spree, und schrieb mit an den Texten für das Album. Wer ist eigentlich Culcha Candela? Übergeben wir doch kurz meinem Kumpel Mateo das Wort:

Mateo:

»Culcha Candela ist einfach H-A-Doppel-M-E-R, Hamma, yeah.

Und ich bin eine #lebendelegende oder auch ein #sexgott.«

Danke, Mateo!

Während der Produktion des Albums pendelte ich (schon wieder) viel und lebte aus dem Koffer. By the way: Bevorzugtes Transportmittel war der ICE 276 von Karlsruhe nach Berlin, nachdem ich dann auch meine Debüt-EP als Solo-Rapper (auschecken auf Spotify, bitte!) benannt habe. Fun Fact: Ich sitze gerade in genau diesem ICE auf dem Rückweg von Caroline Diel und Sylvain Taurisson-Diel nach Berlin und lese diesen Text Korrektur. ICE 276 is a lifestyle! Oft fuhr ich um sechs Uhr morgens in Karlsruhe los und lief um zwölf Uhr im Berliner Studio auf. Dabei beneidete ich die Leute immer, die gerade aufgestanden waren und mit einem Caffè Latte ins Studio schlurften. Ich dachte: »Chillig, das will ich auch.« Glückskind, das ich bin, fand ich schnell eine Wohnung in Berlin, Boxhagener Platz, wieder legendär, aber das ist eine andere Geschichte.

Glückskind

Heute bin ich auf vielen Baustellen unterwegs, ich mache nicht nur meine eigene Musik, sondern vor allem auch Songwriting für andere, zum Beispiel Julien Bam. Oder Lea, Knossi, Namika und Mia Julia. Kennt ihr?

Aktuell bin ich bei Mateo, also dem Boss von Culcha Candela, im Studio und wir schreiben Songs für das neue Album. Wie läuft so was ab? Man trifft sich im Studio mit ein paar Leuten, von denen einer am Computer sitzt und meistens schon einen Beat mitgebracht hat. Irgendjemand hat auch meistens schon eine Grundidee für das Thema, zum Beispiel, hmmm: Ein Boy kommt in einen Klub, trifft ein Girl und dann, na, ihr wisst schon.

Zuerst braucht man dann eine catchy Textzeile und Melodie für den Refrain, auch Chorus genannt. Und die catchy Zeile, die man sucht, auch Hook genannt, weil sie sich beim ersten Mal hören im Gehirn festhaken muss, entscheidet letztlich auch über Hit oder Schrott. Eine geniale Hookline greift oft eine bekannte Formulierung auf, gibt ihr eine neue Bedeutung, ist überraschend und weckt intensive Emotionen, am besten positive.

Weil dieser erste Schritt der wichtigste ist, wird hier auch am meisten diskutiert, hier fällt die grundsätzliche Entscheidung, ob es überhaupt Sinn macht, weiter an einem Song zu arbeiten. Was mir übrigens im Augenblick fast am meisten Spaß macht, sind Malle-Hits. Hier ist einfach mit der einen Zeile in der Hook quasi die ganze Arbeit gemacht, zum Beispiel: »Ich hab Sooo-nen-brand, wenn die Sonne knallt, ich hab Sooo-nen-brand, wir verdursten bald.« You get the idea.

Aber zurück zu Culcha Candela: Wenn hier die Hook fertig ist, geht es um die Strophen. Da zählen dann einzelne, coole Formulierungen, Storylines, die in sich auch wieder catchy und überraschend sind. Das textet jeder für sich ins gemeinsame Google Doc in unsere Handys. Wörter tauchen auf, verschwinden wieder. Zwischendurch schreit man sich auch mal an, einer rennt raus, kommt wieder rein, und irgendwie ist meist nach ein paar Stunden zusammen eine erste Version des Songs fertig.

Wenn ich das Studio verlasse, denke ich oft: »Einfach richtig nice. Ich verdiene mein Geld mit Sachen, die mir Spaß machen. Und jedes Jahr kommt irgendwas Neues dazu.« Klar, das mit der Kohle ist relativ, denn nicht jeder gefühlte Hit wird auch ein Hit. Aber ein paar halt doch schon. Und wie kommt man jetzt als Rapper und Songwriter eigentlich dazu, einen Wein-Podcast zu hosten? Durch die gleiche Art Zufall, Glück und Fügung, die mich immer von einem Ding zum nächsten geführt haben. Wahrscheinlich half auch die Tatsache, dass ich ein guter Teamplayer bin und mich durch das Songwriting für andere gut in eine bestimmte Rolle reindenken kann. Deswegen ist auch die klare Aufgabenteilung bei Terroir & Adiletten für mich kein Problem: Willi ist für die Facts zuständig, ich für das Entertainment. Und es ist halt auch null Druck da, weil mein Job ja der ist, blöde Fragen zu stellen. Da kann man nicht so viel falsch machen, außer zu schnell zu viel zu lernen. Lol.

Crazy: Ich bin ganz standardmäßig mit Sangría und Billigbier sozialisiert worden. Aber jetzt – voilà – kann ich Rotwein von einem Weißwein unterscheiden, hab meinen eigenen Kabi und schon öfter DRC getrunken als 99 Prozent aller Menschen in Deutschland. Es ist ja eine Art Running Gag des Podcasts, dass ausgerechnet ich, der keine Ahnung hat, das Weinlexikon macht. Weil wir uns nie zu schade sind, den gleichen Witz zweimal zu machen, kommt nun auf den nächsten Seiten das, was ihr völlig zu Recht erwartet: DINGDONG, Curly-Wein, das Wörterbuch!

Sommelier des Jahres und Wörterbuch-Papst bei der Redaktionskonferenz

10

Curlys Weinwörterbuch

Hier kommt unser ganz persönliches kleines Wein-ABC, das ihr zum Teil schon aus dem Podcast kennt. Garantiert 100 Prozent subjektiv und ohne jeden Anspruch auf Vollständigkeit. Ist natürlich nicht alles auf meinem Mist gewachsen, sondern Willi ist da immer mein Sparringspartner. Was Willi beim Wein wichtig ist, die Struktur, zeichnet unser Denken nicht immer aus – wir haben uns aber bemüht, unsere Keywords zumindest alphabetisch zu ordnen. Knallharte Fakten, Todesmut zur Lücke, Assoziations-Freestyle – los geht's!

A

Alte Reben

Der Begriff ist nicht geschützt, dementsprechend findet man Definitionen, die von »älter als 25 Jahre« bis »älter als 40 Jahre« reichen. Doch warum ist das überhaupt ein Thema? Deswegen: Ältere Weinreben haben weniger Trauben und ein geringerer Ertrag erhöht die Qualität des Weins. Hinzu kommt, dass alte Reben oft lockere Trauben mit kleinen, dickschaligen Beeren tragen. Da in der Beerenhaut viele Geschmacksstoffe und Tannine sitzen, ist der daraus gewonnene Wein oft intensiver. Außerdem haben alte Reben ein tieferes Wurzelsystem und können besser Wasser und Mineralstoffe aus dem Boden holen. Was bedeutet das also? Weine aus alten Reben schmecken oft komplexer, mineralischer und besitzen eine höhere Spannung. Kurz gesagt: Sie sind besser.

Amphore

Der Ausbau in Tonamphoren ist die älteste bekannte Weinproduktionsmethode. Sie verbreitete sich vor ungefähr 5000 Jahren vom heutigen Georgien aus über die ganze Welt. Die ältesten in Georgien gefundenen Tonkrüge sind sogar 7000 Jahre alt. Immer mehr Winzer experimentieren heute wieder mit Amphoren und bauen neben Holzfässern, Edelstahl und Beton ihren Wein, oder zumindest Teile davon, im traditionellen Tongefäß aus. Es ist neutraler als Holz und nachhaltiger als synthetische Materialien.

Apfelsäure

Apfelsäure oder Hydroxybernsteinsäure ist neben der Weinsäure die wichtigste Säure eines Weins. Genauso wie die Weinsäure ist sie bereits in den Trauben zu finden. Kurz vor Reifebeginn ist der Gehalt am höchsten und sinkt von diesem Zeitpunkt durch Veratmung ab. Die Veratmung der Apfelsäure findet zwischen 20 und 30 °C statt und wird im Prozess des Zellstoffwechsels in Zucker umgewandelt. Das Management der Apfelsäure, insbesondere die Umwandlung von Apfelsäure in Milchsäure, auch bekannt als malolaktische Gärung oder BSA (biologischer Säureabbau), gehört zu einem der wichtigeren Prozesse bei der Weinherstellung. Bei manchen Weinen will man, dass die BSA stattfindet, weil Weine dann smoother und runder werden, bei anderen will man es nicht, weil sie etwas von ihrer Frische verlieren, auch Ecken und Kanten. Eine Wissenschaft für sich.

Apfelschaumwein

Nicht nur aus Trauben kann man Wein machen, sondern auch aus anderem Obst. Äpfel eignen sich besonders gut. Neben der stillen Variante, die dem hessischen »Äbbelwoi« entspricht, sind besonders Cidres mit Kohlensäure sehr beliebt. Die Kohlensäure ist dabei ein natürliches Produkt der Gärung. Solche Schaumweine gibt es vor allem in Frankreich, zum Beispiel in der Normandie, oder auch im Baskenland. Die industrielle Version, der in angelsächsischen Ländern beliebte Cider, enthält dagegen oft Zucker und Aromastoffe und sorgt hauptsächlich für einen billigen Suff, Prügeleien im Pub und einen miesen Kater am nächsten Morgen. Geheimtipp: Poiré, also Birnenschaumwein. Davon gibt's ein paar richtig geile. Apfelschaumweine natürlich auch: zum Beispiel von Fruktstereo aus Malmö. Wer uns mal einen schönen Quittenschaumwein mitgebracht hat: Billy Wagner in Folge 7.

Ausbau

Wie man den Wein lagert, also in welchem Fass, ob Holz- oder Beton- oder Stahltank, Amphore oder sogar Fiberglastanks. Bei Holz ist es meist Eiche, weil Eichenholz die kleinsten Poren hat, das dichteste Holz ist. Auch in regionaler Benutzung: Akazie. Womit gerade von experimentierfreudigen Winzerinnen und Winzern herumprobiert wird: Aus dem regionalen Wald Bäume schlagen und von lokalen Küfern zu Fässern machen zu lassen, um den regionalen Herkunftscharakter des Weins herauszuarbeiten. Aber im Zweifelsfall arbeiten die meisten Winzer, wenn es der eigene Wald nicht hergibt, mit den Fässern von Küfern ihres Vertrauens, oft aus Frankreich.

Autochthone Rebsorten

So bezeichnet man Rebsorten, die in einem bestimmten Anbaugebiet beheimatet sind. Der Begriff »autochthon« stammt aus dem Altgriechischen und bildet sich aus den Wörtern *autós* (selbst) und *chthōn* (Erde). Autochthone Rebsorten stehen im Gegensatz zu den sogenannten internationalen Rebsorten wie Cabernet Sauvignon, Sauvignon Blanc und Chardonnay, die auf der ganzen Welt angebaut werden. Heutzutage sucht man vermehrt wieder die regionalen Besonderheiten im Wein, und dazu gehören neben dem Terroir auch oft autochthone Rebsorten wie zum Beispiel die italienische Sangiovese-Rebe.

B

Baden

Baden ist die drittgrößte deutsche Weinbauregion und reicht vom Bodensee bis nach Tauberfranken, das ist südlich von Würzburg. Ein berühmtes Gebiet innerhalb von Baden ist der Kaiserstuhl. In diesem Gebiet finden sich unterschiedlichste Böden von Kalk- über Ton- und Granit- bis hin zu vulkanischen Böden. Diese Vielfalt spiegelt sich auch in den Weinen wider. Hinzu kommt das sonnigste und wärmste Klima Deutschlands. Baden gilt als »Burgunderparadies«, denn mehr als die Hälfte des deutschen Spätburgunders wird hier erzeugt, aber auch Grauburgunder und Weißburgunder. Andere Sorten sind Gutedel, Riesling, Auxerrois und Schwarzriesling. Tolle Gäste aus Baden bei uns waren zum Beispiel Fritz und Friedrich Keller in Folge 28.

Basalt

Basalt entsteht aus geschmolzenem Erdmantel, der zunächst dünnflüssig ist und dann zu Basaltlava erkaltet. Das harte, langsam verwitternde Gestein bildet Böden, die starken Einfluss auf die Weine haben können. Typische Vulkanweine haben Dichte und Kraft, sind dabei trotzdem leicht und frisch. Hinzu kommen zwei sehr angesagte Begriffe im aktuellen Wein-Talk: Salzigkeit und Mineralität. Über Mineralität reden wir noch (siehe »Mineralität«) – und ja, Wein kann salzig sein. Achtet mal drauf.

Beaujolais Cru

Beaujolais ist ein Weinbaugebiet in Frankreich, südlich von Burgund. Die vorherrschende Rebsorte ist Gamay, so etwas wie die kleine Schwester des Pinot Noir. Beaujolais hat einen schlechten Ruf, weil er in den Achtziger- und Neunzigerjahren als Beaujolais Primeur mit mieser Qualität exportiert wurde. Es gibt aber ganz fantastischen Beaujolais, der wegen des Images viel günstiger ist als Wein aus dem Burgund. Am besten sind dabei Weine aus den sogenannten Crus, das sind bestimmte Lagen, Dörfer oder Appellationen der höchsten Qualität, wie zum Beispiel Morgon, Fleurie oder Moulin à Vent. Willi könnte jetzt alle zehn aufzählen und nach Größe sortieren, aber selber googeln macht euch bestimmt noch mehr Spaß.

Biodynamie

Oha, das ist ein ganz brenzliges Thema. Jahrelang war Biodynamie ein harmloser Esoterikbegriff, unter dem man hauptsächlich irgendwie freakige Biolandwirtschaft verstanden hat. Mond, Hörner mit Mist drin verbuddeln, rechtsrum rühren. Aber, apropos rechtsrum rühren: Mit der Coronapandemie hat sich eine andere, ganz seltsame Achse aufgetan – Biodynamie, Homöopathie, Querdullis, Nazis. Tja. Und nun muss man irgendwie alles wieder neu bewerten. Versuchen wir es mal so: Gerade im Weinbau ist die Verbindung zu den allerseltsamsten Gedanken im Repertoire von Rudolf Steiner (und von dem kommt ja die Biodynamie) nicht so häufig zu finden. Die meisten Winzer*innen, die biodynamisch arbeiten, bleiben bei den Basics und sind keine Spinner. Viele von ihnen »glauben« auch irgendwie gar nicht an Biodynamie, aber merken, dass ihre Weine besser sind, wenn sie die Methoden anwenden. Vielleicht hat das dann aber vor allem mit der Liebe zum Detail zu tun, die für biodynamisches Arbeiten nötig ist. Auf jeden Fall hat der Begriff in der Weinwelt einen positiven Beiklang, weil er garantiert, dass die Weingüter mit viel Handarbeit und ohne viel Chemie arbeiten. Und dabei belassen wir es hier mal, it's a slippery slope.

Blaufränkisch

Willis Lieblingsrebsorte. Die Herkunft von Blaufränkisch wird im heutigen Slowenien und der damaligen Untersteiermark vermutet. In Deutschland tauchte die Rebsorte dann später unter dem Namen Lemberger oder auch Limberger auf. Besonders in Österreich ist Blaufränkisch eine sehr verbreitete und beliebte Rebsorte, die nach Zweigelt/Blauburger den zweiten Platz der österreichischen Anbaufläche einnimmt. Sie produziert vielschichtige, tanningeprägte Rotweine, die sich durch eine sehr gute Lagerfähigkeit auszeichnen. Wie sagt es Willi? Die drei großen Bs des Weinbaus: Burgund, Bordeaux, Blaufränkisch (wahlweise auch: Burgenland).

Blindverkostung

Die hohe Schule der Weinangeberei und -niederlagen. Wer keine Ahnung hat, macht sich sofort zum Horst, und selbst Profis liegen oft daneben. Aber wozu braucht man eigentlich Blindverkostungen? In echt steht doch auf der Pulle drauf, was drin ist?! Deswegen: Profis nutzen Blindverkostungen, um Wein wirklich nur nach dem zu beurteilen, was im Glas ist, und sich nicht von vermeintlich großen oder kleinen Namen beeinflussen zu lassen. Das ist nicht unwichtig, denn wer von uns lässt sich nicht von Bling-Bling blenden? Abgesehen davon haben Blindverkostungen aber auch für Newbies einen Sinn, denn sie schärfen die Sinne. Probiert es mal mit ein paar netten Leuten aus! Wenn man gezwungen ist, zu formulieren, was man zu schmecken glaubt, schmeckt man anders (und mehr), als wenn man einfach so trinkt. Wenn du ein paar Weinkumpelinen und Kumpels gefunden hast, trefft euch mit Flaschen, die ihr in Alufolie einwickelt, und legt los. Macht Spaß! Dabei können übrigens selbst Profis nur dann Weine wirklich einer Herkunft zuordnen, wenn sie typisch für eine Gegend sind. Und dann gibt es noch Super-Pros, die einen Insta-Weinblog betreiben, aber auf einer Bühne einen 1000-Euro-Lafite nicht von einem Spätiwein unterscheiden können. Aber das ist eine andere Geschichte.

Bordeaux

Das bekannteste Weinbaugebiet der Welt. Hauptsächlich bekannt für Rotweine, versorgt Bordeaux seit über 2000 Jahren nicht nur Frankreich mit Wein, sondern auch die ganze Welt. Dabei hat besonders England eine große Rolle gespielt, um den Export anzukurbeln. Die bekanntesten Rebsorten in Bordeaux sind Cabernet Sauvignon, Merlot, Cabernet Franc und Petit Verdot. Dabei entscheiden die Weingüter selber, in welchem Verhältnis sie die Rebsorten mischen. Die meisten Bordeaux-Weine sollte man wegen ihrer kräftigen Tannine nicht zu jung trinken. Es gäbe noch 1000 andere Sachen zu Bordeaux zu sagen, über den kulturellen Einfluss, stilistische Veränderungen im Laufe der Jahrzehnte, den Einfluss Chinas – doch das alles wäre ein ganzes Buch. Aber einen Biggie haben wir noch.

Bordeaux-Klassifikation von 1855

Anlässlich der Pariser Weltausstellung im Jahr 1855 ließ Napoleon III. eine Klassifikation der Weine aus Bordeaux erstellen, genauer gesagt der Weine aus Médoc, Sauternes und Barsac. Das System war einfach: Die aktuellen Verkaufspreise wurden zur Grundlage genommen und basierend darauf die Rotweine in fünf Kategorien eingestuft, die Weißweine in drei. In der höchsten Ehrenkategorie des Rotweins »Premier Cru Classé« gab es zunächst nur vier Châteaus: Lafite-Rothschild, Latour, Margaux und Haut-Brion. Im Jahr 1973 dann die Sensation: Zum ersten und einzigen Mal wurde ein Wein hochgestuft, und zwar Château Mouton Rothschild vom Deuxième zum Premier Cru, also nach ganz oben. Das passierte, weil der legendäre Besitzer Baron Philippe de Rothschild mehr als 20 Jahre darum gekämpft hat. Krasser Typ. Und was bleibt von der Klassifikation von 1855? Sehr viel: Zunächst mal ist sie die Erfindung aller Weinklassifikationen und bis heute gültig. Dadurch, dass die hoch eingestuften Weine auch teurer verkauft wurden, konnten die Weingüter mehr investieren und der Wein wurde besser. Eine selffulfilling prophecy. Vor allem aber ist die Klassifikation die Mutter des Marketings: Hier wurden Luxusmarken zum ersten Mal als solche etabliert. Und das können die Franzosen seitdem sehr, sehr gut. Mehr dazu in Folge 59 mit Chefboss Jan Konetzki, vielleicht seid ihr ihm schon mal bei David Beckham zu Hause begegnet, dessen Keller er managt.

Bosch, Paula

Die Legende: 20 Jahre lang war Paula Bosch Sommelière im sagenumwobenen Tantris in München und Herrin über 35 000 Flaschen. Sie gilt als erster weiblicher Sommelier, also die erste Sommelière, in Deutschland. Dazu kommt ihre Arbeit als Weinkolumnistin für das Magazin der *Süddeutschen Zeitung*. Inzwischen ist sie hauptsächlich Weinberaterin (nice, klingt wie ein ziemlich guter Job), schreibt für Gourmetzeitschriften und arbeitet für den Bayerischen Rundfunk. Wenn ihr Paula kennenlernen wollt: Sie war in Folge 62 bei uns zu Gast, natürlich eine Bombenepisode.

Botrytis

Botrytis cinerea ist ein Schimmelpilz, den es auf der ganzen Welt gibt. Er befällt nicht nur Weintrauben, sondern so gut wie alle Pflanzenarten. Der Pilz wächst auf reifen Beeren, in denen es schon viel Zucker gibt. Er durchdringt die Schale und lässt Feuchtigkeit verdunsten. Das konzentriert den Beerensaft und die Trauben schmecken deswegen süßer und intensiver. Obwohl es die Botrytis überall gibt, braucht es das richtige Mikroklima mit ausreichend Feuchtigkeit, um die sogenannte »Edelfäule« beim Wein zu erzeugen. Es gibt drei Regionen weltweit, die regelmäßig Botrytis-Weine hervorbringen: Sauternes, Tokaj und den Neusiedler See. Typischer Botrytis-Wein bringt nicht nur eine gewisse Süße und Fülle mit, sondern auch Aromen wie Honig, Pfirsich, Rosen oder Karamell. Botrytis klingt also weit gefährlicher, als es ist.

Brettanomyces

Brettanomyces bruxellensis, kurz »Brett« genannt, ist eine Hefe-Art. Sie erzeugt im Wein (und übrigens auch in Bieren!) einen Fehlton, der nach Pferdestall-, Leder- oder nassem Fell riecht. Was die Sache kompliziert macht: Es gibt Weine, bei denen ein leichter Brett-Ton zum Charakter gehört, zum Beispiel gereifte Bordeaux. Der Unterschied zwischen einer interessanten Eigenschaft und einem offensichtlichen Fehler ist fließend und manchmal schwer zu erkennen. Wie bei Menschen auch.

Burgenland

Die drei großen B: Bordeaux, Burgund, Burgenland! Letzteres bekannt vor allem für die Rebsorte Blaufränkisch und Süßweine. Mit ungefähr 12 000 Hektar ist das Burgenland das zweitgrößte Weinbaugebiet Österreichs und bietet eine große Rebsortenvielfalt. Geografisch beziehungsweise geologisch sind es drei Hauptzonen. Im Südburgenland gibt es mit viel Lehm und Schiefer den besten Blaufränkischen. Das Mittelburgenland nennt sich »Blaufränkischland«, bietet bis auf wenige Ausnahmen jedoch mehr Menge als Qualität. Im Norden liegt der Neusiedler See mit seinen delikaten Süßweinen, im Nordwesten das Leithagebirge, das mit einem hervorragenden Kalkböden dem Burgund Konkurrenz macht. Ganz im Osten werden auf sandigen Böden große Süßweine produziert.

Buschenschank

Der Buschenschank ist eine österreichische Institution, die man vor allem in der Steiermark und im Burgenland findet. Ein Buschenschank ist ein Weinlokal, in dem der Betreiber selbst hergestellten Wein ausschenken und hausgemachte Produkte zum Essen anbieten darf. Der Name kommt von den sogenannten »Buschen«: Das sind grüne Zweige, die über dem Eingang der Schenke angebracht werden und anzeigen, dass der Buschenschank geöffnet hat (siehe auch »Heuriger«).

Kein Weinabend ohne Säbel und Bunsenbrenner. Was war da eigentlich los?

C

Champagne

Die Champagne ist das nördlichste Weinbaugebiet Frankreichs. Es umfasst 34 000 Hektar und ist berühmt für seinen Schaumwein, den Champagner. Champagner heißt so, weil er aus der Champagne kommt – kein anderer Schaumwein darf sich so nennen. Die Hauptrebsorten, die dort angebaut werden sind Chardonnay, Pinot Noir und Pinot Meunier. Die Methode, nach der Champagner produziert wird, nennt man Méthode traditionnelle oder Méthode Champenoise. Diese wird auch in anderen Weinbaugebieten angewendet, zum Beispiel in Spanien beim Cava oder an der Loire. Der Schaumwein von der Loire heißt dann – obwohl er genauso hergestellt ist wie Champagner – Crémant. Denn die Trauben kommen ja nicht aus der Champagne. Klar. Ihr wollt mehr über Champagner lernen? Checkt mal Folge 20 mit dem deutschen Champagnerpapi Sascha Speicher.

Chaptalisation

Das, worüber keiner spricht. Chaptalisation, auch Aufzuckerung genannt, bedeutet, dass man den Alkoholgehalt des Mostes durch die Ergänzung von Zucker erhöht. Wichtig: Obwohl hier Zucker im Spiel ist, geht es nicht darum, den Wein süßer zu machen, sondern nur darum, mehr Alkohol-Umdrehungen zu bekommen. Das Ganze findet vor beziehungsweise während der Gärung statt und ist praktisch der ultimative Cheat Code des Weinbusiness für nördliche Regionen, in denen der Wein früher, vor dem aktuellen Klimawandel, nicht jedes Jahr reif wurde. Ein Mindestalkohol-Level war (und ist) auch deswegen wichtig, um bestimmten Qualitätsstufen (Premier Cru, Grand Cru) gerecht zu werden. So ist vor allem im Burgund die Aufzuckerung eine gängige Praxis. Wie stark die Chaptalisation genutzt werden darf, ist von der EU geregelt. Festgelegt sind zwischen zwei und vier Prozent mehr Alkohol des Ausgangsvolumens. Einige Mitgliedsländer behandeln das Thema sogar noch strenger als von der EU vorgegeben. So, und jetzt psssst, denn wie gesagt, darüber spricht man nicht.

Chardonnay

Chardonnay ist die führende Weißweinrebe der Welt. Das liegt unter anderem daran, dass sie sich sehr gut an verschiedene Standorte anpassen kann. Chardonnay kommt ursprünglich aus dem französischen Burgund, hat aber seit den 1990er-Jahren einen Siegeszug rund um die Welt angetreten. Inzwischen gibt es Chardonnay fast überall. Dabei ist nicht nur die Rebsorte inzwischen ein Weltbürger, sondern auch die burgundische Methode des Ausbaus im Holzfass, die einfach perfekt zur relativ neutralen Rebsorte passt. Wie bei jeder Mode gab es auch eine starke Gegenbewegung, zusammengefasst unter dem schönen Stichwort »ABC – Anything But Chardonnay«. Und jetzt gerade läuft die Gegenbewegung zur Gegenbewegung: Chardonnays aus Burgund sind gefragt – und teuer! – wie nie zuvor.

Château Rayas

Das Weingut liegt im berühmten Gebiet Châteauneuf-du-Pape im südlichen Rhône-Tal. Die Weinberge umfassen 15 Hektar Rebfläche. Davon sind 13 Hektar mit den Rotweinsorten Grenache Noir (90 Prozent), Cinsault und Syrah bepflanzt. Außerdem gibt es 2 Hektar mit Weißweinsorten. Seit der legendäre Winzer Jacques Reynaud biologischen Weinbau eingeführt hat, ist hier alles ökologisch. Der Erstwein Château Rayas ist zu 100 Prozent Grenache und gilt als weltbester Wein aus dieser Rebsorte. Entsprechend ist er sauteuer. Für Normalsterbliche gibt es dann noch den Zweitwein Pignan, immer noch für 600 Euro aufwärts. Notlösung ist der Côtes du Rhône von Emmanuel Reynaud, dem aktuellen Chef des Hauses. Er trägt den Namen Fonsalette, es gibt ihn in Rot und Weiß. Cheers!

Clare Valley

Die Clare-Valley-Weinregion in Australien liegt circa 130 Kilometer nördlich von Adelaide. Das Clare Valley ist vor allem für seinen qualitativ hochwertigen Riesling bekannt. Die Weinbautradition in diesem Gebiet gehört zu den ältesten Weinregionen Australiens; bereits im Jahr 1851 wurde dort das erste Weingut von Jesuiten gegründet. Das Clare Valley ist eines der bedeutendsten Cold Climates Australiens, dort gibt es auch frische, relativ schlanke Weine – eine Seltenheit auf diesem Kontinent, der hauptsächlich für fette Fruchtbomben steht.

Cuvée

Eine Mixtur verschiedener Weine, wobei damit sowohl verschiedene Lagen oder Herkünfte als auch verschiedene Rebsorten gemeint sein können. Das klingt, vor allem wenn man das deutsche Wort »Verschnitt« dafür benutzt, irgendwie negativ. Sozusagen der Gegenentwurf zum Deutschen Reinheitsgebot. Wobei das ja eine Cuvée aus Malz, Wasser und Hopfen ist. Aber wir schweifen ab: Eine Cuvée ist erst mal nichts Schlechtes, im Gegenteil. Einige der größten Weine der Welt sind Cuvées, zum Beispiel ist fast alles aus dem Bordeaux eine Mischung der erlaubten Rebsorten (siehe: Bordeaux). Das ist alles andere als random und schon gar kein Betrug. Vielleicht kann man es so erklären: In manchen Gegenden gehört ein bestimmter Rebsorten-Mix einfach zum Terroir (siehe Kapitel 2 »Terroir. Und Adiletten.«).

D

Degorgieren

So bezeichnet man das Entfernen der Hefe bei der Schaumweinbereitung. Ein fertiger Wein wird zusammen mit Zucker oder Most, dem sogenannten Liqueur de tirage, aus Omas Tiefkühltruhe in eine Flasche gefüllt (wie, was? Checkt TundA*-Folge 35 mit den Nittnäusen). Eine zweite Gärung beginnt, die Hefe wandelt den Zucker in Alkohol und CO_2-Bubbles um, dann sterben die Hefen nach ihrem selbstlosen Einsatz. Weil die Flaschen auf dem Kopf stehend gelagert werden, sammelt sich die Hefe im Flaschenhals. Dabei wird die Flasche über Monate täglich etwas weitergedreht. Ein Job für die sogenannten Remueurs, erfahrene Profis schaffen 40 000 bis 50 000 Flaschen am Tag. Oha. Zum Degorgieren wird der Flaschenhals meistens zunächst gekühlt, die Hefe gefriert, dann macht man die Flasche auf und die Hefe fliegt raus. Man füllt nun wieder etwas auf, Sektkorken rein, fertig. Bei dieser letzten Dosage mit dem Liqueur d'expédition, auf Deutsch Versand-Dosage genannt, wird dann auch die Süße-Stilistik festgelegt, von Demi-Sec über Brut bis Brut Nature/Zero Dosage.

Übrigens: Bei gutem Sekt und Champagner steht das Datum des Degorgierens auf der Flasche, so kann man wissen, wie lange die Flasche noch nachgereift ist.

Dekantieren

Dekantieren ist das Trennen fester Sedimente von der Flüssigkeit. Belüften hingegen bedeutet, dass der Wein Luft kriegt, atmet, dadurch runder wird oder weniger verschlossen. Beides geschieht im gleichen Gefäß, nämlich in einer Dekantierkaraffe. Daher das Missverständnis beziehungsweise die umgangssprachliche Gleichsetzung von Belüften und Dekantieren (aber lasst das bloß nicht Willi hören!). Echtes Dekantieren, also das Depot vom Flüssigen zu trennen, ist eine Kunst. Warum macht man das überhaupt? Das Depot ist eine Sättigungsbeilage, auf die man lieber verzichtet (siehe auch »Gerbstoffe«). Kenner behaupten allerdings, dass sich das Depot von Vintage-Port hervorragend für ein Rührei eignet.

Destillation

Destillation bezeichnet ein Verfahren, um durch Erhitzen, Verdampfen und Abkühlen bestimmte Bestandteile einer Flüssigkeit zu trennen oder zu konzentrieren. Das Brennen von Schnaps ist genau dieser Vorgang. Hier wird vergorenes Obst, die sogenannte Maische, erhitzt, um die ursprünglich enthaltenen circa 3 bis 12 Prozent Alkohol auf über 80 Prozent zu konzentrieren und dabei von schädlichen chemischen Verbindungen zu befreien. Die Methode kann mit unterschiedlichem Obst angewandt werden, das Endprodukt trägt Namen wie Obstbrand (zum Beispiel Birne oder Himbeere), Weinbrand (aus Weintrauben) oder Grappa (aus den Pressresten der Weinproduktion, dem sogenannten Trester). Am Ende sind das natürlich alles nur andere Wörter für: Schnaps. Wer mehr wissen will, checkt Folge 9 mit Hans Reisetbauer, dem Boss der Bosse.

Domaine de la Romanée-Conti

Die Domaine de la Romanée-Conti, unter Kennern auch lässig »DRC« oder »Die Domaine« genannt, ist ein absoluter Mythos, der Gipfel von dem, was Rotwein, insbesondere Pinot Noir, sein kann. Das Weingut liegt im Burgund, genauer gesagt im Dorf Vosne-Romanée, und wurde 48 Jahre lang von dem ebenso mythischen Aubert de Villaine geleitet, seit 2022 von seinem Neffen Bertrand de Villaine. Die teuerste Lage, Romanée-Conti, kostet, wenn man nicht das Glück hat, auf der Liste der coolen Leute bei DRC zu stehen, locker 20 000 Euro pro Flasche, manche Jahrgänge auch viel mehr. Wer das Glück hatte, schon mal einen Wein von DRC getrunken zu haben, weiß: Die Weine sind unglaublich elegant, vielschichtig, oft mit einer unverwechselbaren Würze und Spannung ausgestattet. Ob sie den Preis wert sind, müsst ihr selbst entscheiden, wenn ihr mal einen auf einer Weinkarte findet und ein paar Tausend Euro übrig habt.

Deutschland

Land der Dichter und Denker, der teuren Autos, des billigen Essens und Trinkens. Welches andere Land hätte sowohl Mercedes, BMW und Porsche als auch ALDI und Lidl hervorbringen können? Deutschland hatte im Jahr 2021 circa 103 000 Hektar Rebfläche und lag damit, ein Fun-Fact von Statista, weltweit auf Platz 18, hinter Griechenland und vor, na? Afghanistan!

Der Durchschnittspreis pro Liter Wein in Deutschland im Handel lag 2021 bei 3,78 Euro – das sind dann 2,83 Euro pro Normalflasche. Cheers. Siehe auch: »Zusatzstoffe«. Jetzt hören wir schon den Twitter-Mob: Die armen Leute haben halt nicht mehr Geld, ihr hochnäsigen Wein-Snobs! Ja, klar, kann schon sein. Aber vielleicht liegt's ja auch an den Prioritäten, wer weiß.

Zu den limitierten Nikes trägt Curly ausschließlich DRC und Coche-Dury.

E

Edelfäule

Klingt ein bisschen wie Schimmelkäse, ist es aber nicht (siehe auch »Botrytis«).

Erstes Gewächs

Das Erste Gewächs des VDP (Verband Deutscher Prädikatsgüter) ist eine neue Bezeichnung und steht in der Qualitätspyramide unterhalb des Großen Gewächses oder kurz GG. Das Erste Gewächs 1G steht für trockene Weine aus Lagen, die als Erste Lage klassifiziert werden. Damit ist das deutsche Klassifizierungsmodell trockener Weine im VDP so: Es geht von Gutswein über Ortswein zum Ersten Gewächs und dann an der Spitze zum Großen Gewächs. Eigentlich ganz einfach.

Eiswein

Wegen des Klimawandels gibt es fast keinen Eiswein mehr, weil man dafür während der Lese Temperaturen von mindestens minus 7 Grad Celsius braucht. Also eigentlich nicht mindestens, sondern höchstens. Egal, ihr wisst, wie's gemeint ist. Die Trauben werden bis in den Winter hängen gelassen, durch den Frost kristallisiert das Wasser, übrig bleibt mehr Zucker. Eiswein ist die vorletzte Stufe der Süßwein-Stufen: also Spätlese, Auslese, Beerenauslese, Eiswein, Trockenbeerenauslese. Der Lesezeitpunkt ist dabei jedoch nach dem der Trockenbeerenauslese.

Europa, die TundA*-Weinkarte

Siehe S. 192.

F

Fachhandel

Wein kauft man am besten beim Wein-Fachhändler. In der Regel sind das gut ausgebildete Leute, mit denen man ganz offen reden kann. Also was man mag, dass man gerne den und den Weintypus haben möchte und was man ausgeben will. Oder dass man keine Ahnung hat und was probieren will. Qualitativ wird man im Fachhandel immer besser fahren als im Supermarkt und letztlich auch besseren Wein fürs Geld bekommen. Ein Wermutstropfen: Ein physischer Weinladen hat im Vergleich zur Unendlichkeit der Weinwelt (und des Internets) immer nur einen sehr kleinen Ausschnitt im Programm. Insofern siehe Regel 7 und Regel 8 der »Anleitung zum Weinsaufen«: Wenn du alle Weine deines Weinladens probiert hast, zieh mal weiter und probier einen neuen.

Federweißer

Federweißer ist ein Jungwein, der die Gärung noch nicht abgeschlossen hat. Blubbert noch. Und Vorsicht: Federweißer knallt ziemlich, auch in Kombination mit Zwiebelkuchen. Federweißen oder, wie es in Österreich heißt: Sturm, gibt es zum Beispiel in einem Buschenschank.

Feinhefe

Hefe ist die eigentliche Weinmacherin, denn diese Tierchen verwandeln den Zucker im Traubensaft in Alkohol. Danke, kleine Homies! Traurig, aber wahr: Bei der Aktion sterben sie. Na gut, wenigstens haben sie gut gelebt. Wenn die Hefe im Gärbehälter ihren Job getan hat und nach unten sinkt, nennt man das Vollhefe. Normalerweise wird jetzt der Wein aus dem Behälter in ein anderes Fass gefüllt und die Vollhefe bleibt zurück. Feinere Hefepartikel kommen aber immer noch mit – und hier kommen unterschiedliche Philosophien ins Spiel: Manche Weine bleiben länger mit der Feinhefe drin im Fass, manche kürzer. Manche werden gefiltert, bis sie total klar sind, andere bleiben trübe. Alles kann, nichts muss – wie beim Sex.

Filtrieren

Beim Filtrieren geht es darum, Partikel (zum Beispiel die Feinhefe, siehe voriger Eintrag) aus dem Wein vor der Füllung herauszufiltern. Das geschieht aus optischen Gründen, aber auch, weil es die Ansicht gibt, dass gewisse Partikel den Wein schlecht machen. Dabei geht allerdings auch Aroma verloren, daher wird immer vorsichtiger und weniger filtriert. Dazu kommt: Unfiltriert ist bei Hipster-Weinen immer ein Gütezeichen.

Flüchtige Säure

Darunter versteht man Säuren, die sich im Wein leicht verflüchtigen können. Am meisten kommt Essigsäure vor, gefolgt von Ameisensäure, und dann noch ein paar andere crazy Säuren. In Verbindung mit dem Äthylalkohol im Wein bildet sich daraus sogenannter Essig-Ester. Und der hat den typischen Geruch von Nagellackentferner oder Klebstoff. Ein bisschen davon gehört zu manchen Weinen dazu, zu viel davon ist unangenehm und wird dann als »Weinfehler« bezeichnet.

Flurbereinigung

In der zweiten Hälfte des 20. Jahrhunderts gab es zum Beispiel in Deutschland ein umfangreiches staatliches Flurbereinigungsprogramm. Dabei ging es darum, durch Erbteilung aufgesplitterte landwirtschaftliche Grundstücke zusammenzulegen, damit sie praktischer und kostengünstiger zu bearbeiten sind. Es gab dadurch Verbesserungen, zum Beispiel bessere Zufahrtswege, und die Produktionskosten wurden für die einzelnen Landwirte geringer. Es gab aber auch große Schattenseiten, zum Beispiel mehr Erosion und mehr Schädlinge in den dann viel größeren Monokulturen. Vor allem wurden aber gerade im Weinbau Flächen mit sehr unterschiedlichen Böden und Kleinklima zusammengelegt. Also wurde es auch schwieriger, Wein anzubauen, der ein bestimmtes Terroir widerspiegelt.

Flying Winemaker

Als Flying Winemaker bezeichnet man Weinexperten, die gleichzeitig eine Vielzahl von Weingütern beraten, oft auch auf mehreren Kontinenten. Sie werden bevorzugt von größeren Weinproduzenten beschäftigt, die mit ihrem Wein eine international erfolgreiche Weinstilistik erreichen wollen. Prototyp des Flying Winemakers ist der Franzose Michel Rolland, der über 100 Weingüter betreut. Er ist dafür berühmt oder auch berüchtigt, Weine so zu modifizieren, dass sie dem Geschmack des amerikanischen Weinkritikers Robert Parker entsprechen – also sehr reife Frucht, viel Alkohol und starker Einsatz von neuem Holz. Das Ergebnis: hohe Punktzahl bei Parker und ein deutlich höherer Verkaufspreis beziehungsweise Absatz.

Forster-Ungeheuer

Das Forster-Ungeheuer ist eine 40 Hektar große Weinlage im pfälzischen Forst an der Weinstraße (Rheinland-Pfalz). Hier gibt es ausschließlich Riesling. Die Lage ist vom VDP als Große Lage klassifiziert; bringt also Topweine hervor und gehört zum Besten, was die Pfalz zu bieten hat. Zum Ungeheuer gibt es übrigens einen Trinkspruch vom seligen Otto von Bismarck:

Dieses
Ungeheuer
schmeckt
mir
ungeheuer.

Funky Wein

Trüber, meist leicht stinkiger Naturwein, den man bestellt, um dem Sommelier zu zeigen, dass man zu den coolen Leuten gehört. Denn Funky Weine sind nicht Everybody's Darling und deine Cousine vom Land und dein Freund aus dem Finanzvertrieb rümpfen die Nase. Funky Weine gibt's in Berliner und Wannabe-Berliner-Hipster-Weinbars, also aufpassen, ihr müsst natürlich auf Englisch bestellen, sonst versteht euch das coole Personal nicht.

Schaut doch mal vorbei, wenn wir die Bühne rocken! Der nächste Livepodcast kommt bestimmt.

Garantiert ohne funky Weine.

G

Ganztraubenpressung – Ganztraubenvergärung

Das bedeutet, die ganze Traube zu pressen, ohne die Stängel, auch Rappen genannt, abzumachen – und dann eventuell noch alles miteinander gären zu lassen, während der sogenannten Maischestandzeit (bei Rotwein oder seltener und kürzer auch bei Weißwein). Die Entscheidung, ob die Rappen mit in die Presse kommen, gehört zu den wichtigsten, die Winzerinnen und Winzer treffen können, denn hier verändert sich ganz entschieden die Struktur des Weines. Mehr drin lassen bedeutet mehr Tannine, mehr Struktur, aber auch das Risiko sogenannter »grüner« Aromen, wenn die Stängel nicht reif sind. Zu dem Thema gibt es viele Meinungen und Positionen, unterhaltet euch mal beim Weingutsbesuch darüber, das ist spannend.

Garnacha

Garnacha, französisch Grenache, ist aus dem Rotwein-Game nicht mehr wegzudenken. Besonders als Teil einer Cuvée ist die Rebsorte sehr beliebt, zum Beispiel an der Rhône als Teil des berühmten Rhône-Mixes »MSG«, also Mourvèdre, Syrah, Grenache (siehe auch »Château Rayas«). In einigen Appellationen Spaniens nimmt Garnacha sogar den ersten Platz der Anbaufläche ein. Von dort stammt die Rebsorte übrigens auch, zumindest wird das gemunkelt. Genauer: aus dem nordöstlichen Aragonien. Mittlerweile wird sie weltweit auf circa 300 000 Hektar angebaut. Garnacha gilt als besonders widerstandsfähige Rebe, kann auch bei viel Dürre, heißem Wetter und wenig Wasser ertragreich angebaut werden und bringt am Ende einen natürlichen Alkoholgehalt von lässigen 15 bis 16 Prozent in die Flasche. Dabei bleibt sie aber sehr weich und wird gerade deswegen oft mit tanninhaltigeren Sorten kombiniert, in der Rioja häufig Tempranillo. Garnacha kann in heißen Klimaten einen eleganten Wein erzeugen, der auch mit großen Pinot Noirs verwechselt werden kann.

Gerbstoffe

Gerbstoffe, auch Tannine genannt, sind in Rotwein und auch in manchen Weißweinen enthalten. Bei ihnen handelt es sich um pflanzliche Bestandteile aus der Schale, den Kernen und Stielen der Weintrauben. Man bemerkt Tannine dadurch, dass sich der Mund zusammenzieht und trocken anfühlt. Tannine geben einem Wein Struktur und machen ihn haltbar. In älteren Weinen findet man oft auch ein Depot (siehe auch »Dekantieren«), größtenteils sogenannter Weinstein, bei dem es sich um mit der Zeit zu längeren Molekülen verkettete Tannine handelt. Tannine sind ein Grund, warum manche Weine wie zum Beispiel aus Bordeaux in ihrer Jugend nicht sonderlich viel Spaß machen. Ausgewogene, reife Tannine hingegen geben einem Rotwein das gewisse Etwas.

Gewürztraminer

Der Gewürztraminer (Synonym: Klevner) ist eine Rebsorte, die nur rund 1 Prozent der deutschen Rebfläche, circa 1100 Hektar, vereinnahmt. Je nach der Farbe der Beeren werden Unterschiede gemacht, so sind also auch Roter Traminer und Gelber Traminer gängige Begriffe, diese Beeren dürfen jedoch auch Gewürztraminer genannt werden. Gewürztraminer zählt zu den sogenannten Aromarebsorten. Das heißt, dass die Weine einerseits klar an ihrem sehr duftig-blumigen Aroma zu erschnüffeln sind. Es heißt aber auch noch was anderes: Gewürztraminer-Weine sind nicht sonderlich durchlässig für Informationen aus ihrem Terroir. Sie schmecken also nicht sehr unterschiedlich, egal, von wo sie kommen, die Bodeninformationen werden vom Duft überlagert. Willis Profi-Tipp dazu: Gewürztraminer kommen meist aus bestimmten Anbaugebieten, deshalb kann man in Blindverkostungen auch einfach mal ins Blaue schießen, woher der Wein kommt, auch wenn man es nicht riecht. Zum Thema Food-Pairing: Der typische Duft nach Rosen, Litschi, manchmal auch reifer Banane passt nur zu ganz wenigen, bestimmten Sachen, zum Beispiel zu Gänseleber.

Goldkapsel

Eine vor allem in den deutschen Anbaugebieten bei einer Reihe von Weingütern gebräuchliche Bezeichnung für besondere Weine. Man erkennt sie an einer goldfarbenen Kapsel über dem Korken. Es handelt sich dabei um edelsüße Weine wie Beerenauslese oder Trockenbeerenauslese, kleine Mengen von herausragender Qualität, die manchmal nur über Auktionen angeboten werden. Als Steigerung der Goldkapsel kann man auch noch auf die »Lange Goldkapsel« treffen, manchmal mit LGK abgekürzt. Das ist dann echter Bling-Bling-Style.

Grand Cru

Das ist Französisch und bedeutet »Großes Gewächs«, eine Bezeichnung für einen Weinberg oder eine Lage im Weinberg, die herausragende Qualität liefert, und das über eine sehr lange Zeit. Zum Beispiel im Burgund gehen die Grand-Cru-Lagen auf die Mönche im Mittelalter zurück. Es gibt in Frankreich je nach Region verschiedene, genau definierte Klassifizierungssysteme, als Grand Cru bezeichnet man umgangssprachlich aber auch international besondere Weinlagen, die große Weine hervorbringen.

Grauburgunder

Die Rebsorte, die viele Deutsche so lieben, heißt eigentlich gar nicht Grauburgunder, sondern Ruländer. Man kann natürlich auch Pinot Grigio dazu sagen oder Pinot Gris. In Deutschland gibt es circa 7100 Hektar davon. Die Weine sind unkompliziert, fruchtig, rund und säurearm. Anders ausgedrückt: tut niemandem weh und braucht auch keiner. Aber es gibt natürlich Ausnahmen, und nur weil jemand Grauburgunder trinkt, muss er oder sie ja kein schlechter Mensch sein.

Großes Gewächs

Früher hat man die deutschen Weine nach dem Mostgewicht unterschieden, also wie viel Zucker bei der Ernte in der Traube ist. Das wurde dann als Kabinett, Spätlese, Auslese und so weiter bezeichnet. Inzwischen klassifiziert man jedoch innerhalb des wichtigen Winzerverbands VDP auch nach der Herkunft des Weins, also der Region und dem Weinberg. Weil man verstanden hat, dass das sogenannte Terroir den Wein viel mehr prägt als der Zuckergehalt der Trauben. Das Große Gewächs, auch GG genannt, ist die deutsche Version eines Grand Cru, also die beste Lage, kombiniert mit bestimmten Anforderungen an den Wein. Zum

Beispiel, dass er trocken schmeckt. Warum das alles, diese ganzen Klassifizierungen? Damit die Kundinnen und Kunden wissen, was sie erwarten können, wenn sie einen Wein kaufen. Und auch wissen, ob ein Preis angemessen ist.

Grüner Veltliner

Diese Weißwein-Rebsorte ist Österreichs Geschenk an den Rest der Welt. Die Weine haben eine große Bandbreite von spritzig-frisch bis rund und vollmundig, haben neben der Frucht oft einen pfeffrigen Ton in der Nase. Grüner Veltliner ist ein perfekter Essensbegleiter und passt ideal zu Österreichs anderem Geschenk an die Welt: dem Wiener Schnitzel. In Deutschland hat der Grüne Veltliner mit Riesling eine starke lokale Konkurrenz, aber es lohnt sich, ihn zu probieren.

H

Handlese

Bei der Handlese werden die Weintrauben, wie der Name schon sagt, mit der Hand vom Rebstock abgeschnitten. Vor 100 Jahren war das natürlich normal, seit den 1960er-/1970er-Jahren wird immer öfter die maschinelle Lese eingesetzt. Im Vergleich zum Traubenvollernter arbeiten Menschen bei der Handlese langsamer, aber auch viel genauer. Topweine werden fast immer von Hand gelesen.

Herunterstufung

Wenn ein Weingut Lagen mit einem berühmten Namen hat, kann es wählen, ob es einen Wein unter dem Namen der Lage abfüllt oder herunterstuft. Herunterstufung, auch Deklassierung genannt, kann aus mehreren Gründen Sinn machen. Zum Beispiel, wenn es sich um junge Weinreben handelt, die dem Namen der Großen Lage noch nicht gerecht werden. Dann will man den Kunden die Enttäuschung sparen und bringt den Wein nicht unter dem Namen der Lage heraus. Zum Beispiel in Deutschland als Gutsriesling oder im Burgund als Bourgogne, also Regionalwein. Manchmal trinkt man so also Weine aus ganz großen Lagen unter einem weniger berühmten Namen. Das kann ein ziemlich guter Deal sein.

Heuriger

Der österreichische Begriff kommt von »heuer« (diesjährig) und bezeichnet einen frisch produzierten Wein ebenso wie das dazugehörige Lokal. Man sagt auch Buschenschank dazu (siehe »Buschenschank«). Heuriger darf nach österreichischem Gesetz ab dem 11. November bis Ende des Folgejahres ausgeschenkt werden, so lange gilt der Wein als Jungwein. Vorsicht! Ähnlich wie beim Südtiroler Pendant Törggelen wird Heuriger manchmal in Massenabfüllstationen oder Touristenfallen zelebriert. Also Augen auf bei der Lokalwahl.

Histamine

Histamine sind biologisch aktive Eiweißabbauprodukte, die vor allem in fermentierten oder gereiften Lebensmitteln vorkommen. Sie verursachen bei Menschen mit Unverträglichkeit Kopfschmerzen, rote Flecken oder eine verstopfte Nase. Neben Parmesan, Salami oder Dosenfisch kommen erhöhte Histaminmengen auch in Wein vor, vor allem in Rotwein. Dabei sind die größten Histaminquellen im Wein eigentlich die Holzfässer, insbesondere alte. Insofern kann man für Empfindliche folgende Faustregel aufstellen: Rotweine sind problematischer als Weißweine und im Holzfass gelagerte Rotweine problematischer als Weine aus dem Stahltank. Und hygienisch sauber hergestellte Weine sind King. Im Zweifelsfall einfach alle Regeln ignorieren und eine Ibu mehr einschmeißen.

Hochschule Geisenheim

Die Hochschule in Geisenheim am Rhein ist die einzige Universität in Deutschland, die verschiedene Studiengänge rund um Weinbau, Önologie und internationale Weinwirtschaft anbietet. Der Ruf der deutschen Weinhochschule im Rheingau ist legendär: Die Studierenden von Geisenheim kommen aus der ganzen Welt – darunter sind Kinder von Winzern genauso wie Quereinsteiger. Die heutige Uni wurde am 19. Oktober 1872 gegründet. Damals hieß sie noch »Königliche Lehranstalt für Obst- und Weinbau«. Heute ist ihr offizieller Name neudeutsch »Hochschule Geisenheim University (HGU)«.

I

Imprägnierverfahren

Eine industrielle Form der Schaumweinerstellung, auch Karbonisierung genannt. Es gibt dabei – anders als bei der oben schon beschriebenen Méthode traditionelle – keine zweite Gärung in der Flasche, sondern nur einen Zusatz von Kohlendioxid im Tank unter Druck. Das scheint Bestimmung zu sein, denn Druckbetankung ist für so eine Plörre der Daseinszweck.

J

Jacquère

Die autochthone Rebsorte stammt aus der französischen Region Savoyen, nördlich von Lyon, an der Grenze zur Schweiz. Die eigentlich »simple« Traube neigt zu hohem Ertrag und ergibt deswegen nur auf kargen Böden und mit strikter Ertragsbegrenzung interessante Weißweine. Wenn dies jedoch geschieht, sind Weine aus der Jacquère frisch, mit geringem Alkoholgehalt und einer deutlichen Note von Feuerstein. Sie haben etwas angenehm »Neutrales« und sind ein guter Essensbegleiter. Vornehmlich aufzufinden in hippen Weinbars, wo Wein aus dem Savoyen der neue heiße Scheiß ist.

Jänner

Mit dem lustigen Wort »Jänner« bezeichnen Ösis den Monat Januar. Unglaublich? Aber so steht es geschrieben. (Willis Kommentar hierzu: »Scheiß-Deitsche«.)

Johnson, Hugh

Der berühmte britische Weinschriftsteller ist ein echter Renaissancemensch: Seine erste Station als Journalist war im Jahr 1960 die britische *Vogue* und neben Weinbüchern hat er wichtige Werke über Gartenkunde geschrieben. Weintrinker kennen die Standardwerke *Der große Johnson* und *Der kleine Johnson* sowie den bahnbrechenden Weinatlas, den er zusammen mit Jancis Robinson verfasst hat und immer wieder neu und verbessert auflegt. Zwischendurch war er auch mal Chef von Château Latour. Unterm Strich einer der coolsten Checker im Wein-Game.

Jura

Das Weinanbaugebiet Jura ist eine Bergkette in Ostfrankreich und befindet sich zwischen Burgund und der Schweiz. Vor dem Befall der Reblaus im Jahr 1879 betrug die Anbaufläche noch zehnmal so viel wie die heutigen 1800 Hektar. Das heutzutage bebaute Jura zeichnet sich durch hügeliges Terrain und Kalkböden aus, die sporadisch immer wieder von Lehm durchzogen sind. Das Jura hat tolle autochthone Rebsorten wie Poulsard (in Pupillin liebevoll Ploussard genannt), Trousseau, Savagnin und Béclan sowie einen traditionell sehr eigenen Weinstil, nämlich den oxidativen Ausbau (siehe »Oxidative Weine«) beziehungsweise Ausbau unter Hefeflor. Also, wenn es mal nach Pattex riecht, könnte der Wein aus dem Jura kommen. Weine aus dem Jura sind in den letzten 20 Jahren von einer Randerscheinung zum Hipster-Mainstream geworden, eine der erstaunlichsten Karrieren im Wein überhaupt.

K

Kabinett

Okay, wenn ihr das Wort noch nicht gehört habt, habt ihr auch Terroir & Adiletten noch nicht gehört. Dann jetzt bitte hier Schluss machen mit Lesen und erst mal 30 bis 50 Folgen am Stück hören. Also, Riesling Kabinett: genannt Kabi, Wein zum Nüchterntrinken, Fanta-Wein und so weiter. Der Begriff »Kabinett« kommt aus dem Mittelalter und stammt wohl aus dem Kloster Eberbach in Hessen, in dem es ein Kabinett für besondere Weine gab. Heute gehört ein Kabinett-Wein zu einer gehobenen Güteklasse, allerdings bezeichnet der Begriff innerhalb der (inzwischen als veraltet geltenden) deutschen Weinqualitätshierarchie die unterste Prädikatsstufe (siehe auch »Großes Gewächs«). Kabinett-Weine werden aus reifen Trauben hergestellt, die Gärung wird durch Schwefel gestoppt, wenn noch eine gewisse Restsüße vorhanden ist. Prägend für einen Kabi und seine Stilistik ist das Gleichgewicht aus den beiden Gegenspielern Süße und Säure. Oder wie Thanos sagen würde: »Perfectly balanced, as all things should be.« Und der allerbeste Kabinett der Welt ist natürlich: CURLYS CABI!

Kalkböden

Was im Berliner Leitungswasser ein Problem ist, zum Beispiel für Curlys Haare, ist top für Wein: Kalk. Also Kalkböden. Der Kalk ist dabei ein Überbleibsel von Fossilien – Muscheln, Garnelen, also eigentlich alles, was auch heute noch lecker ist. Wie immer beim Wein ist es ein bisschen komplizierter, denn nicht jede Rebsorte mag Kalkböden gleichermaßen. Was auf jeden Fall gut funktioniert: Burgunder-Rebsorten, also Chardonnay, Pinot Noir, Pinot Blanc und so weiter. Beim Riesling ist es dann schon wieder Geschmackssache, wobei einige der größten und besten Rieslinge der Welt, nämlich aus Rheinhessen, auf Kalkstein stehen. Wenn Wein-Nerds über Kalksteinböden reden, reden sie oft von der Mineralität, klarer Struktur, von Länge und von Säure.

CURLYS CABI.
Chillig.

Kampanien

Kampanien (italienisch Campania) ist die Weinbauregion bei Neapel und zählt zu den ältesten Weinbaugebieten Italiens. In der Region werden viele traditionelle Rebsorten kultiviert, vor allem die rote Sorte Aglianico. Sie liefert insbesondere auf vulkanischen Böden spannende, körperreiche und sehr aromatische Weine. Die wichtigsten weißen Sorten Kampaniens sind Fiano, Greco oder Falanghina. Außerdem Verdeca und Coda di Volpe, aus denen man am Vesuv einen Weißwein mit dem klingenden Namen Lacryma Christi, also »die Tränen Christi«, macht. Bisschen kitschig vielleicht, aber nice.

Kater

Das Wort »Kater« kommt von Katarrh, einer Schleimhautentzündung. Vulgo: grippeähnliche Symptome. Beim Kater hat man fieses Schädelweh, weil einem die Elektrolyten rausgezogen werden, wenn man zu viel Wein gesoffen und zu wenig Wasser dazu getrunken hat. Natürlich kann auch der Genuss anderer alkoholhaltiger Getränke in zu großen Mengen zu einem Kater führen. Curly kennt sich bestens mit Jägermeister aus. Im Hotelfach hat Willi mithilfe des Servierbuchs gelernt, was man unternehmen sollte, um den Kater abzufedern: »Feine Saiblingsfilets, viel Wasser, Zitrone oder gegebenenfalls ein weiteres Glas Wein oder Bier.« Alles top, vor allem die feinen Saiblingsfilets – hat man ja immer zur Hand. Willis persönlicher Tipp: weißer Spritzer!

Klären

Siehe »Schönung« auf Seite 180.

Klimawandel

Das ist natürlich ein viel zu großes Thema für das Wörterbuch, aber trotzdem: Der Klimawandel berührt den Weinbau extrem. Viele der größten Weine der Welt kommen aus Regionen, in denen es früher immer wieder unreife Trauben wegen schlechter Sommer gab. Entsprechend waren die besten Lagen und Parzellen die, die auch in schlechten Jahren immer reifes Traubenmaterial geliefert haben. Das dreht sich nun langsam, sodass die Regionen an der nördlichen Grenze des Weinbaus, wie zum Beispiel Deutschland, kaum noch Probleme haben, ihre Weine reif zu bekommen. Und es gibt immer mehr Versuche, in nördlicheren Regionen Weinberge anzulegen, in denen es früher nie möglich gewesen wäre, zum Beispiel in Norwegen.

Korkfehler

Der am häufigsten vorkommende Fehler im Wein ist der Korkton. Dabei verursacht die chemische Verbindung Trichloranisol (TCA) einen muffigen Geruch nach nasser Pappe. Der Grund, warum die chemische Verbindung in den Korken eingetragen wird, ist immer noch unklar. Um zu vermeiden, dass Weine durch TCA verdorben werden, haben sich alternative Verschlüsse wie der Drehverschluss etabliert. Nicht jeder Korkfehler ist sofort auffällig, es gibt auch den schleichenden Kork, der nach und nach mit Luftkontakt im Glas stärker wird. Deswegen wird oft, wenn jemand »Der Wein korkt« sagt, das Glas unter vielsagenden Blicken zum Probieren weitergereicht: Manche Weinaromen erinnern an Korkfehler, sind aber keiner. Also, vielleicht nicht gleich mit der Expertise rausplatzen, wenn ihr meint, dass der Wein korkt, sondern es vielleicht zunächst mal als Frage formulieren.

Kurniawan, Rudy (Mr 47)

Rudy Kurniawan ist der Wein-Gangster überhaupt. Über ihn wurde die Doku *Sour Grapes* gedreht, lohnt sich auf jeden Fall zu gucken. Apropos: Hey, Netflix, warum habt ihr *Sour Grapes* runtergenommen? Lame! Rudy wurde in Indonesien geboren, es gibt dabei viele Gerüchte über seine Familie und Clan-Connections. In den frühen 2000ern wurde er zum bekannten Weinsammler – vor allem aber: Fälscher. Kurniawan mischte zur Imitation junge Weine aus Kalifornien mit älteren französischen Weinen. Und mal unter uns: Das muss man auch erst mal draufhaben. Unter Weinkennern war er für Flaschen des Jahrgangs 1947 und der Domaine de la Romanée-Conti bekannt, so wurde ihm die Spitznamen Mr 47 und Dr. Conti verliehen. Irgendwann flog er auf und wurde 2012 zu zehn Jahren Gefängnis verurteilt. Seit November 2020 befindet er sich wieder auf freiem Fuß. Während seiner Karriere hat er Weine im Wert von über 20 Millionen Dollar gefälscht. Hätte er das Ganze mal zehn Jahre später gemacht, dann wäre es locker das Dreifache gewesen.

L

Lagrein

Lagrein ist nur in Südtirol zu finden, es gibt ihn als Rotwein und Rosé. Ein guter Lagrein hat saftige und weiche Aromen, wie Veilchen, Kirschen, Brombeeren und Bitterschokolade. Lange gab es Lagrein hauptsächlich als billigen Massenwein, vor allem weil die Rebsorte einen hohen Ertrag ergibt, wenn man sie lässt. Durch konsequente Ertragsreduzierung wurde Lagrein jedoch viel besser. In den 1990er-Jahren begannen viele Winzer, auf Qualität zu setzen. Gut so, denn deswegen trinken wir gerne einen nicen Lagrein. Mit wem wir Lagrein getrunken haben: Roland Trettl in Folge 48.

Lambrusco

Lambrusco kennt jeder: süßer, billiger, Kopfschmerz-Sprudel. Das Image stimmt meistens, es gibt jedoch auch gute und erfrischende Versionen des italienischen Schaumweins. Lambrusco wird in der Emilia-Romagna oder der Lombardei produziert, es gibt dabei viele verschiedene Lambrusco-Rebsorten. Die Bezeichnung Secco steht für trocken ausgebauten Lambrusco. Über Semisecco bis Amabile und Dolce wird es dann süßer und meistens nicht besser. Ein gut gemachter Lambrusco, und davon gibt es einige, ist jedoch ein toller Durstlöscher mit wenig Alkohol. Eine Art roter Kabi mit Blubber.

Languedoc-Roussillon

Languedoc-Roussillon besteht – tadaa! – aus den Unterregionen Languedoc und Roussillon. Die Region reicht von der spanischen Grenze bis nach Nîmes und ist mit knapp 290 000 Hektar Rebfläche das größte Weinbaugebiet Frankreichs. Für sehr lange Zeit gab es von hier hauptsächlich billigen Massenwein. In den letzten 20 Jahren hat sich jedoch viel getan und viele junge und ambitionierte Winzer haben sich hier niedergelassen. Das Terroir in Languedoc-Roussillon ist sehr vielfältig und zum Teil auch hochwertig. Typische Rebsorten in Rot sind: Grenache Noir,

Mourvèdre, Syrah, Cinsault und Carignan Noir. Gerade in den höheren Lagen kann man jedoch auch tolle Weißweine machen, mit typischen Rebsorten wie Clairette, Grenache Blanc und Bourboulenc. Wer hier sein Weingut hat, ist zum Beispiel auch Joachim Christ, bei uns zu Gast in Folge 37.

Löss

Löss – ein Bodentyp, der im Weinbau eine wichtige Rolle spielt, ist ein homogenes Sedimentgestein. Man kann Lössböden in fast allen gemäßigten Klimazonen der Erde antreffen. Es gibt in Deutschland, Österreich und der Schweiz viel Weinbau auf Löss. Normalerweise haben Weine von Löss relativ viel Power und sind fruchtbetont, aber es kommt auch immer drauf an, was Winzerin oder Winzer draus macht.

L wie Luigi. Curlys Augenstern.

M

Macération carbonique

Die auch Kohlensäuremaischung (hach, Deutschland, deine Wörter!) genannte Macération carbonique ist ein Verfahren, das besonders häufig im Beaujolais genutzt wird. Dabei entstehen fruchtbetonte, frische Weine mit wenig Gerbstoff. Die kompletten Trauben werden unter Luftausschluss (nämlich mit CO_2 darüber) in einen Gärtank gegeben, wo sie zu gären beginnen, mehrere Tage bis zu einer Woche. Erst dann werden die Trauben gepresst und der entstehende Most weiter vergoren. So hergestellte Weine sind meist unkompliziert und jung trinkbar. Der Franzose sagt dazu auch: »Vin de soif« – zu Deutsch: Saufwein. Kann sehr geil sein. Also der Wein. Das Saufen auch.

Malle

Malle = südlichstes deutsches Bundesland = Mallorca. Auf Malle gibt es den Ballermann und auf dem Ballermann gibt es Ballermann-Hits. Ihr fragt euch, was das hier zu suchen hat? Ganz einfach: Curly schreibt dafür die Texte, zum Beispiel solche Perlen wie »Scheißegal, ich feier«, »Wir eskalieren« und »Alge« (Alge! Alge! Alge!). Warum macht er das? Für die Kohle – und weil es Spaß macht. Wer absolut was dagegen hat: Sepp Schellhorn, legendärer Wirt aus Goldegg. Hört euch bitte Folge 46 von Terroir & Adiletten dazu an – völlig zu Recht die erfolgreichste Folge des Jahres 2022. Ach so: Auf Mallorca gibt es übrigens auch tolle Weine, probiert mal die verschiedenen Sachen von 4 kilos, Eloi Cedó, Cati Ribot oder Miquel Gelabert. Alge! Alge! Alge!

Mäuseln

Das Mäuseln ist eine Bezeichnung für einen Weinfehler. Der Name kommt von Mäuse-Urin, weil der Geruch daran erinnern soll. Den kennen alle, die mal einen dreckigen Hamster- oder Mäusekäfig sauber gemacht haben oder dies viel zu selten getan haben. Je nach der Intensität ist das Mäuseln häufig erst im Nachgeschmack zu erkennen, wo es kratzig und lang am

Gaumen bleibt. Grund für das Mäuseln sind bestimmte Hefen, die Stoffe erzeugen mit komplizierten Namen, wie zum Beispiel Acetyltetrahydropyridin – hervorgerufen von mangelnder Kellerhygiene oder unsauberem Lesegut. Das Mäuseln kommt häufiger in ungeschwefelten Weinen vor. Und vielleicht gibt es ja auch Leute, denen das schmeckt. Piep!

Maische

Werden Beeren leicht angepresst, entsteht ein Gemisch aus Beerenschalen, Most und Kernen, das Maische genannt wird. Die Dauer, in der die Maische im Gärbehälter lagert, nennt man Maischestandzeit – merkt euch das, ein schönes Profi-Wort für Weinabende mit euren Kumpels. Bei Rotweinen entscheidet der Maischekontakt unter anderem über die Farbe des Weines. Es gilt: je länger der Kontakt, desto intensiver der Rotton. Allgemein liegen Rotweine länger auf der Maische als Weißweine. Die meisten Weißweine werden direkt und ohne Maischestandzeit gepresst, es gibt aber auch Weißweine, die für einige Tage oder sogar Wochen in Kontakt mit der Maische gelassen werden. Das Ergebnis sind tanninhaltige Weißweine mit kräftiger Textur oder manchmal auch echter freaky shit, besonders im Naturweinbereich (den es ja gar nicht gibt, siehe »Naturwein«).

Méthode traditionelle

Die Methode, die in der Champagne (siehe »Champagner«) angewendet wird, um Schaumwein herzustellen (siehe auch »Degorgieren«). Das Ganze funktioniert über eine zweite alkoholische Gärung, die in der Flasche stattfindet, nachdem in der Regel etwas Hefe und Zucker hinzugegeben wurden. Da man das Wort »Champagner« nur im Zusammenhang mit Weinen aus der Region Champagne benutzen darf, gibt es den Begriff »Méthode traditionelle«, der das C-Wort elegant umspielt.

Meursault Perrières

Meursault ist ein Weinort im Burgund, genauer gesagt im Departement Côte d'Or, noch genauer gesagt in der Côte de Beaune. Das ist da, wo die allerbesten Weißweine im Burgund wachsen. Die Rebsorte: Chardonnay. Leider hat sich rumgesprochen, dass der Wein in der Gegend so geil ist, dass die Preise so irre steigen und man fast nichts mehr bekommt. Meursault hat 18 Premier-Cru-Lagen, aber keine Grand-Cru-Lage. Meursault Perrières gilt dabei als die wahrscheinlich beste Lage, viele Profis sind sich einig, dass sie eigentlich Grand-Cru-Status, also Toplevel, verdient hätte. Bezahlt wie ein Grand Cru werden die Weine aber sowieso.

Mineralisch

»Mineralisch« ist ein Wort, das Weinkenner sehr gerne benutzen. Es basiert auf der Annahme, dass Weine, die auf bestimmten Böden wachsen, zum Beispiel, Kalk-, Schiefer oder Vulkanböden, nach den Mineralien schmecken, die im Boden enthalten sind. Anders als bei Mineralwasser, in dem die Menge an bestimmten Mineralien gemessen werden kann, ist das Thema bei Weinen aber weniger wissenschaftlich definiert. Mineralität ist eher ein Gefühl beim Trinken, wobei auch jeder etwas anderes darunter versteht. Die wahrscheinlich genaueste Definition wäre die »Abwesenheit von Fruchtaromen«. Also das, wonach der Wein schmeckt, wenn er nicht nach den sogenannten Primäraromen schmeckt, also Fruchtaromen wie Beeren, Pfirsich oder Apfel, und auch nicht nach sogenannten Tertiäraromen, also Noten, die nach längerer Lagerung entstehen, wie Leder, Kaffee, Tabak oder Waldboden. Das, was all das nicht ist und bei dem man sich einbilden kann, dass es nach Kalkboden oder Schiefer schmeckt, das ist Mineralität. Alles klar?

Monopol

Eine Monopollage ist eine Weinlage, die nur einem einzigen Besitzer gehört. Das ist nicht unbedingt üblich, normalerweise haben mehrere Winzer Teile einer Lage. Die berühmtesten Monopollagen gibt's in Burgund, nämlich La Tâche und Romanée-Conti, die komplett der Domaine de la Romanée-Conti gehören (siehe »Domaine de la Romanée-Conti«) und die absolute Kultweine hervorbringen.

Morillon

So erzählen es die Alten: Einst durchforsteten die steirischen Winzer verzweifelt ihre Weingärten. Links und rechts, egal, wohin sie blickten,

Dieser Steirische Bursche sucht keinen Morillon, sondern eine Hütte.

ein einz'ger Graus: Die Reblaus zerstörte ihre Ernte! So machten sich die tapferen Steirer auf die Reise nach Frankreich, um dort nach einer Rebe zu suchen, die ihnen zu Hülfe käme. In der Region Morillon fanden sie, wonach sie so lange verzweifelt Ausschau gehalten hatten: eine Rebe, schmackhaft, mit einer kräftigen Fruchtnote und einer Resistenz gegen die Reblaus. So brachten die Steirer eine Handvoll Setzlinge der Rebe in ihre Heimat und nannten sie »Morillon« nach ihrer Herkunft. Turns out: Morillon wird überall sonst Chardonnay genannt, denn sie ist Chardonnay. Was für Honks, die Steirer. Wie viel an diesem Märchen dran ist, weiß keiner – aber eins ist klar: Wenn sie nicht gestorben sind, dann nennen die Steirer Chardonnay noch heute Morillon.

Mosel

Die Mosel ist wahrscheinlich das weltweit am meisten gefeierte deutsche Weinbaugebiet. Das liegt daran, dass die Mosel wie kein anderes Gebiet für den Stil steht, den es so nur in Deutschland gibt: feine, schwerelose Rieslinge mit einer perfekten Balance aus Säure und Süße. Am Fluss Mosel liegt zwischen Saarburg und Cochem das größte Steillagen-Weinbaugebiet der Welt, die Weinbauregion Mosel umfasst aber auch Weinberge an den benachbarten Flüsschen Saar und Ruwer. Die steilen Weinberge sind extrem schwer zu bearbeiten, aber bringen deswegen auch einzigartige Weine hervor, darunter die teuersten Weine, die es in Deutschland gibt: die Süßweine von Egon Müller, die gerne mal für über 10 000 Euro pro Flasche kosten.

Most

Most steht für den noch nicht vergorenen Fruchtsaft und ist damit die Vorstufe von Wein. Ein anderes Wort für Most ist übrigens »Keltersaft«. Die Zusammensetzung des Mosts hat eine maßgebliche Auswirkung auf die spätere Qualität des Weines. So erbringt der Vorlaufmost, der ganz am Anfang von selbst aus der Presse läuft, den edelsten Tropfen. Zu unterscheiden ist er vom Pressmost, der dann schon mit etwas mehr Gewalt aus den Trauben rausgepresst wird. Die Mostgärung wird im Keller durch alles Mögliche beeinflusst – die Temperatur, natürliche Hefen und Bakterien et cetera.

Daneben gibt es dann die ganzen künstlichen Sachen: Enzyme, Zuchthefen (hmmm, der schöne Pfirsichgeschmack im Weißburgunder! Hmmm, die Ananas im Chardonnay!). Zum Beispiel auch Zucker, der vor der Vergärung zugegeben wird (siehe »Chaptalisation«). Apropos: Wusstet ihr eigentlich, dass man bei einem Kabinettwein nicht chaptalisieren darf? Also, CURLYS CABI ist garantiert frei von zugegebenem Zucker. Und trotzdem sweet.

N

Nachgärung

Die passiert häufig bei nicht filtrierten Weinen oder nicht geschwefelten Weinen. Wenn noch Restzucker in der Flasche ist, kann eine ungewollte Gärung noch mal stattfinden, dann drückt es den Kork raus oder es zerreißt die Flasche. Oder der Kork ist schwer genug drin, dann hat man einen leicht moussierenden Wein, das heißt, dass leichte Blasen drin sind, wie beim Federweißen. Ebenfalls Geschmackssache.

Napa Valley

Napa Valley ist das bekannteste Weinbaugebiet der USA, und das nicht ohne Grund, denn auf 18 000 Hektar werden renommierte und weltweit gesuchte Weine produziert. Während Reblaus und die Prohibition Anfang des letzten Jahrhunderts den Weinbau in Napa lahmlegten, wurde ab den 1960er-Jahren neuer Glanz in das Tal gebracht. Besonders durch den überraschenden Sieg einiger Weine beim berühmten Judgement of Paris im Jahr 1976 wendete sich das Blatt (please google). Robert Parker mit seiner Vorliebe für Power- und Fruchtbomben besorgte dann den Rest, indem er die 100er-Bewertungen über Napa segeln ließ wie die Fuffies im Klub. Topnamen in Napa sind Opus One, Screaming Eagle, Heitz oder Dominus.

Naturwein

Klingt gut, oder? Tatsache ist aber, dass keiner weiß, was Naturwein überhaupt ist, weil der Begriff nicht offiziell definiert ist. Das heißt, man kann eigentlich jeden Wein Naturwein nennen. Was die meisten meinen, wenn sie Naturwein sagen: eine biologische oder biodynamische Arbeitsweise im Weinberg, im Keller Low Intervention und wenig oder gar keinen Schwefel. Es gibt aber auch jede Menge fließender Übergänge, zum Beispiel Weingüter, die komplett konventionell arbeiten (also mit Chemie und allem), dann einen trüben, unfiltrierten, ungeschwefelten Wein abfüllen und Naturwein nennen. Nicht so geil. Oder die klassischsten, traditionellen Weingüter, die sich niemals Naturwein nennen würden, obwohl sie alle oben genannten Punkte dafür erfüllen, von biodynamisch bis unfiltriert und fast ohne Schwefel (siehe zum Beispiel »Domaine de la Romanée-Conti«). Insofern ist das Ganze ein unglückliches Wort, unter dem alle ein bisschen was anderes verstehen, und je tiefer man gräbt, desto weniger bedeutet es. Aber egal, in Hipster-Weinbars wissen alle, was gemeint ist.

O

Oechsle

Grad Oechsle ist eine für Winzer extrem wichtige Maßeinheit. Sie steht für das Mostgewicht des Traubenmostes, benannt nach ihrem Erfinder Ferdinand Oechsle. Damit kann man im unvergorenen Traubenmost den ungefähren Alkoholgehalt bei einem durchgegorenen Wein berechnen. 1 Grad Oechsle besagt, dass 1 Liter Most um 1 Gramm schwerer ist als 1 Liter Wasser. Eine Faustformel: 8 Grad Oechsle ergeben 1 Volumenprozent Alkohol. Die entsprechende Einheit heißt in Österreich KMW (Klosterneuburger Mostwaage), international heißt sie Brix.

Opok

Opok ist eine Bezeichnung für bestimmte Bodentypen im Süden und Osten der Steiermark. Dieser Begriff wird landläufig für verfestigte Sedimentgesteine verwendet. Diese Gesteine können braun, aber auch grau oder blau gefärbt sein. Meist handelt es sich dabei um Mergel, Ton und Silt. Auf den Böden werden unterschiedliche Rebsorten angebaut, darunter Gelber Muskateller, Welschriesling, Blauer Wildbacher, Sauvignon Blanc, Morillon, Traminer und Weißburgunder.

Orange Wine – Orangewein

Orangewein ist Weißwein, der hergestellt wird wie Rotwein – ein absolutes Aufregerthema der späten 2000er- und frühen 2010er-Jahre. Und nein, er wird nicht aus Orangen gemacht, sondern aus Weintrauben. Während beim konventionellen Weißwein die Trauben gepresst werden und der Saft ohne die Schalen vergoren wird, wird beim Orangewein der Saft zusammen mit den Schalen vergoren. Die Fachleute sagen: »auf der Maische vergoren« dazu. Die Dauer, für die Saft und Schalen miteinander in Kontakt sind, ist die sogenannte Maischestandzeit. Dadurch gelangen wie beim Rotwein Farbstoffe, Tannine und anderes in den Wein, der Wein bekommt seine Farbe und ein Mundgefühl, das anders ist als bei »normalem« Weißwein. Deswegen braucht man weniger oder keinen Schwefel, um den Wein zu stabilisieren, weil die Tannine den Wein haltbar machen.

Österreich

In Österreich wohnt man selten weit weg vom nächsten Weinbaugebiet, deshalb kommen die Leute in Österreich sehr früh mit Wein in Kontakt. Meist in Form eines weißen Spritzers. Wein ist nicht so mystifiziert wie in Deutschland, also nicht »Ah! Oh! Kerzenschein! Romantik!«. Dafür kann man in Deutschland mit (gutem) Wein mehr Geld verdienen, weil der Preis nicht so eine große Rolle spielt wie in einem Land, wo alle die Kofferraumpreise vom nächsten Winzer gewöhnt sind und man vielleicht auch mal bar und ohne Rechnung zahlt. Man versucht halt, in Österreich immer irgendwie ein Schnäppchen zu machen. Sagt Willi. Der Klassiker, den man in Österreich als ganz normalen Tischwein serviert bekommt, ist Grüner

Veltliner. Aktuell in vieler Munde ist Zweigelt – aus Willis Sicht ist das eine Scheißrebsorte, mit großem Ertrag und noch dazu benannt nach einem Nazi. Und so schmeckt es halt auch. Alles in allem: We <3 Österreich.

Oxidative Weine

Oxidativer Wein – das kann ein Fehler sein oder eine Stilistik. Wenn ein Wein alt ist und nur noch müde und schlapp schmeckt, sagen die Fachleute oft: »Er ist oxidiert.« Das heißt, er hatte so lange Kontakt mit Sauerstoff, dass es den Wein gekillt hat. Es gibt jedoch auch eine oxidative Stilistik, also wenn ein Wein beim Ausbau kontrolliert mit Sauerstoff in Kontakt gebracht wurde. Das passiert ganz natürlich im Fass. Folgen dieses Prozesses sind die Veränderung von Farbe, Geschmack und Geruch des Weines. Am bekanntesten ist dabei Sherry, weswegen man oft sagt: »Das riecht wie Sherry«, wenn man oxidierten oder oxidativen Wein riecht. Gegenstück ist der reduktive Ausbau (siehe »Reduktion«).

P

La Paulée

La Paulée ist eine Tradition aus dem Burgund. Im November, wenn die Weinernte eingefahren war, haben sich die Winzer im berühmten Weinort Meursault getroffen und ihre besten Pullen aufgezogen. Das Ganze gibt es immer noch und ist eine ziemlich dekadente Party: die geilsten Weine, bestes Essen, Servietten werden über dem Kopf geschwenkt und irgendwann singen alle ein komisches Lied mit »Lalalalalääääre«. Die Paulée gibt es seit 20 Jahren auch in New York, wo sie dazu beigetragen hat, Weine aus dem Burgund populär und vor allem wahnsinnig teuer zu machen.

Peronospora

Auch bekannt als Falscher Mehltau und die im ökologischen Weinbau am schwierigsten zu bekämpfende Pilzkrankheit. Die größte Gefahr durch den Pilz besteht im Befall junger Beeren sowie der Stiele. Alle europäischen Sorten sind anfällig und besitzen keine oder nur sehr geringe Abwehrkräfte gegen diesen Pilz. Was man dagegen tun kann: Laubschnitt, der viel Luft an die Beeren lässt, sodass sie nach Regen trocknen können. Einen gesunden Boden erhalten, auf dem natürliche Gegenspieler des Falschen Mehltaus leben. Natürlich gibt es auch Pflanzenschutz- und Pflanzenstärkungsmittel, im ökologischen Weinbau hauptsächlich Kupferpräparate, von denen man jedoch nur drei Kilogramm pro Hektar und Jahr benutzen darf. Und es gibt noch die PIWIs.

Pétrus

Pétrus ist ein Wein aus dem französischen Weinbaugebiet Pomerol (Bordeaux). Dieser wird immer mal wieder als der berühmteste oder teuerste Rotwein der Welt betitelt und darum oft auch als Anlageobjekt oder Statussymbol gesehen. Pétrus besteht aus 100 Prozent Merlot, früher wurde aber auch ein Teil Cabernet Sauvignon angebaut. Auslöser für den Kultstatus des Weinguts ist der 1945er-Jahrgang, der als Jahrhundertwein gilt. Das Geheimnis von Pétrus – sagen die Profis – ist ein ganz besonderer Lehmboden, der durch einen geologischen Zufall nur genau an einer Stelle des Châteaus an die Oberfläche tritt.

PIWI

PIWI steht abgekürzt für »pilzwiderstandsfähige Rebsorten«. Gemeint sind damit Neuzüchtungen und Kreuzungen aus bestehenden Reben, die weniger schnell von Krankheiten befallen werden und allgemein widerstandsfähiger sind. Vorteile der Nutzung von PIWI sind die Verringerung des Einsatzes von Pflanzenschutzmitteln und damit auch die Senkung von Kosten und Arbeit für Winzer. Auch der Boden und die Nützlinge können durch das Reduzieren von Pestiziden profitieren. Besonders Biobetriebe verwenden immer häufiger PIWI. Um die Frage zu beantworten, ob PIWI-Rebsorten wirklich auch große Weine hervorbringen, ist es noch viel zu früh. Schließlich beschäftigen sich die Winzer seit Hunderten von Jahren mit Pinot Noir, Cabernet, Riesling und Co. – sodass sie genau wissen, wo, wie und wann man was damit macht. Reden wir über PIWI also erst wieder in 100 Jahren!

Portugieser Weißherbst

Eine rosa Institution in Spätis, ALDIs und Tankstellen: Portugieser Weißherbst. Der billige Saufwein kommt weder aus Portugal noch ist er weiß und wenn überhaupt, trinkt man ihn besser im Sommer als im Herbst. Wie kommt es also zu dem Namen? »Weißherbst« ist eine traditionelle Bezeichnung für Roséwein aus einer einzelnen Rebsorte. Und Portugieser ist eine Rotweinrebe, ursprünglich aus Slowenien stammend, die einfache, fruchtige, tanninarme Weine hervorbringt. Durch den Erfolg als Wein für den Massenkonsum ist sie hinsichtlich der Anbaufläche die drittwichtigste Rotwein-Rebsorte in Deutschland, nach Spätburgunder und Dornfelder. Oje.

Portwein

Die wichtigsten roten Portwein-Trauben sind Touriga Nacional, Touriga Francesa, Tinta Amarela, Tinta Barroca, Tinto Cão und Tinta Roriz, die wichtigsten weißen sind Encruzado, Esgana Cão, Folgasão und Gouveio. Alles klar? Prüfung morgen früh. Aber in puncto Portwein würden auch wir immer den Experten fragen. In Deutschland ist das sicherlich der one & only Portwein-Pate Johannes King. Guckt mal in die »Portwein-Welt« auf seiner Website, da findet ihr jede Menge Infos – und hört vor allem Folge 54.

Primitivo

Primitivo wird in Europa vor allem in Süditalien angebaut, zum Beispiel in Apulien. Die gleiche Rebsorte heißt in den USA Zinfandel und ist vor allem in Kalifornien stark vertreten. Ursprünglich kommt sie aber aus Kroatien, wo sie Crljenak Kaštelanski heißt. Primitivo schmeckt würzig, nach Zimt und Nelken, schwarzem Pfeffer und dunklen Waldfrüchten. Hipster-Weintrinker und Sommeliers hassen Primitivo, weil er viel Frucht, Extrakt und Alkohol hat. Und am besten noch mit schön Restzucker ausgebaut wird, bäh! Ein typischer Power-Wein, also das, was vielen Leuten gefällt, aber bei Snobs als uncool gilt.

Coole Leute hassen Primitivo.

R

RAW

RAW ist ein Netzwerk rund um Naturwein, gegründet von Isabelle Legeron, zu ihrer Zeit Frankreichs erste weibliche Master of Wine. RAW vereint Produzenten, Händler und Sommeliers, die sich für das Thema Naturwein begeistern, und veranstaltet auch die gleichnamige Weinmesse. Ursprünglich in London gestartet, gibt es die RAW WINE-Messe inzwischen auch in Nordamerika und seit 2015 in Berlin.

Rebenerziehung

Reben sind Kletterpflanzen. Damit sie nicht wie Curly bis 14.00 Uhr im Bett bleiben, sondern überhaupt nach oben wachsen, brauchen sie Hilfe, zum Beispiel Holzpfähle und Drähte. Der Begriff »Rebenerziehung« bezeichnet die Hilfskonstruktion und die dazugehörige Art, wie die Reben beschnitten werden. Das zusammen entscheidet dann darüber, wie viele Trauben eine Rebe hervorbringt, und wir wissen ja, im Normalfall heißt es: je weniger Trauben pro Rebstock, desto besser der Wein. Aber auch über andere wichtige Details entscheidet die Rebenerziehung: wie die Trauben belüftet werden, ob sie Schatten vor der Sonne bekommen, wie viel Platz man zum Ernten hat und so weiter. Die unterschiedlichen Erziehungsformen haben dabei fancy Namen wie zum Beispiel Gobelet-System, Cordon-System oder Guyot-System.

Reblaus

Ein Sauviech! Tatsächlich frisst ja die Reblaus nicht persönlich die Pflanze auf, sondern sie legt nur ihre Eier in der Wurzel ab, also unter der Erde. Und die Babys der Reblaus, die ernähren sich dann von der Wurzel der Rebe. Fast die komplette Weinwelt wurde so im 19. Jahrhundert ausgerottet. In manchen Gegenden kommt der kleine Fiesling aber nicht vor, nämlich in krassen Schiefermassiven wie an der Mosel. Da kann sie sich nicht so gut vermehren. Dasselbe gilt für weitgehend luftundurchlässige Böden wie Sandböden. Das gibt es zum Beispiel in Portugal in der

Gegend Colares. Da gab es nie eine Reblaus und es stehen heute noch Reben, die 120 Jahre alt sind. Es gibt mittlerweile Reben, die gegen die Reblaus gezüchtet wurden, also immun dagegen sind.

Reduktion

Reduktiver Ausbau ist eine Methode bei der Weinherstellung. Dabei wird der Jungwein während seines Ausbaus weitgehend vor Oxidation, also dem Kontakt mit Sauerstoff, geschützt. Wenn die Wein-People über »Reduktion« reden, meinen sie oft aber nicht die Herstellungsart, sondern bestimmte Aromen. Diese können, müssen aber nicht unbedingt mit dem reduktiven Ausbau zusammenhängen. Kurz gesagt: ein großes Mysterium, aber kein unwichtiges, weil reduktive Aromen gerade in den letzten Jahren im Kontext von Chardonnay sehr in Mode sind. Also so alles, was an Silvesterböller, Feuerstein und brennende Streichhölzer erinnert. Oder Matchstick, wie die Fachfrau oder der Fachmann sagt. Chemische Basis dafür sind Schwefelverbindungen, die nicht unbedingt unangenehm riechen müssen, aber durchaus auch in Richtung verfaulte Eier, Pferdefurz oder Knoblauch gehen können. Das macht dann zum Teil weniger Spaß. Wobei, ein bisschen dirty ist manchmal auch ganz geil. Reduktion ist aktuell ein Lieblingsthema von Willi, das in vielen Podcast-Folgen auftaucht, achtet mal drauf.

Reinzuchthefen

Reinzuchthefen gehören zu den erlaubten Zusatzstoffen (siehe »Zusatzstoffe«). Hefen verwandeln nicht nur Zucker in Alkohol (siehe »Feinhefe«), sie prägen auch den Geschmack. Die natürlichen Hefen arbeiten von Jahrgang zu Jahrgang anders, je nach Reife der Trauben, Temperatur et cetera. Um hier keine Risiken einzugehen, können Winzer*innen mit Reinzuchthefen arbeiten. Einerseits kontrollieren sie so Tempo und Ablauf der Gärung, andererseits aber auch den Geschmack. Es gibt zu jeder Rebsorte Aromahefen, mit denen Weißburgunder noch mehr nach Pfirsich und Sauvignon Blanc noch mehr nach Katzenpisse riecht und schmeckt. Wenn ihr mal längere Zeit Weine getrunken habt, die ohne Aromahefen gemacht wurden, dann werdet ihr merken, wie billige Supermarktweine diese ultrakünstlichen Fruchtaromen haben (»mmhmm! Gummibärchen!«). Das liegt unter anderem an den entsprechenden Reinzuchthefen.

Rheingau

Der Rheingau, also die Region am Rhein zwischen Wiesbaden und Bingen, ist vielleicht die klassischste aller deutschen Weinbauregionen. Seit der Römerzeit wird hier Wein angebaut, aktuell zu 80 Prozent Riesling. Einen ersten Höhepunkt des Weinbaus gab es im Mittelalter, vorangetrieben hauptsächlich durch die Mönche aus verschiedenen Klöstern. Insbesondere Rüdesheim ist ein Zentrum des Weintourismus, und in Geisenheim befindet sich die einzige Hochschule für Weinbau in Deutschland (siehe »Hochschule Geisenheim«). Die meisten Winzer haben hier irgendwann studiert. Wenn man etwas kritisch sein will, ist der Rheingau neben wenigen Spitzenwinzern eine Region im leichten Winterschlaf oder auch Food-Koma von den fetten Jahren. Wenn Rheingau-Wein jedoch gut ist, ist er großartig. Davon ein Lied singen kann Theresa Breuer, bei uns zu Gast in Folge 3.

Recording-Don: Das hier ist Lenny, er nimmt die Podcasts auf und macht immer die schicken Fotos mit dem zu hellen Blitz.

Rheinhessen

Das Weinbaugebiet Rheinhessen ist mit circa 26 000 Hektar das größte Weinbaugebiet Deutschlands. Es liegt südlich der Stadt Mainz auf der linken Seite des Rheins und nicht etwa in Hessen, sondern in Rheinland-Pfalz. In Rheinhessen werden Weiß- und Rotweine gemacht, die dominierende Rebsorte ist der Riesling. Interessant ist die Region, weil sich hier in den letzten 20 Jahren wahnsinnig viel getan hat. Dabei gibt es neben den steilen Weinbergen am Rhein rund um Nierstein, die wahrscheinlich seit der Römerzeit genutzt wurden, auch viele ehemalige Rüben- und Kartoffeläcker, auf denen nun Wein angebaut wird. Der Aufstieg Rheinhessens geht mit dem Siegeszug des trockenen Rieslings einher, von dem man hier einige der teuersten Exemplare der Welt findet.

Restzucker

Ausdruck für den nicht vergorenen Zucker im Wein, auch Restsüße. Wie süß ein Wein schmeckt, wird dadurch bestimmt, wie viel Restzucker enthalten ist, nachdem die Hefen ihre Arbeit eingestellt haben und den Zucker nicht weiter in Alkohol umwandeln. Das geschieht durch das natürliche Ende der Gärung oder ein gezieltes Abstoppen durch den Winzer. Dieses Abstoppen wird meistens durch den Zusatz von Schwefel erreicht.

Rioja

Rioja ist das berühmteste Weinbaugebiet Spaniens. Es liegt im Norden, zu beiden Seiten des Flusses Ebro und ist circa 60 000 Hektar groß. Die rote Hauptrebsorte ist Tempranillo, die jedoch meist als Cuvée mit anderen Sorten wie Mazuelo, Graciano und Garnacha ausgebaut wird. Die klassischen weißen Rebsorten sind Viura (auch Macabeo genannt), Malvasía, Riojana und Garnacha Blanca. Der klassische Ausbau weißer und roter Weine umfasst eine teils jahrzehntelange Lagerung in amerikanischen Eichenfässern. Die Länge der Reifung im Fass und daraufhin im Keller ist die Grundlage der Bezeichnungen von Rioja-Weinen. Diese reichen vom »Vino Joven«, der nur sechs Monate oder gar nicht im Holzfass liegt, über »Crianza« und »Reserva« bis hin zur »Gran Reserva«, die mindestens 60 Monate alt ist und davon mindestens 18 Monate im Fass verbracht hat. Was toll ist an Rioja: Da die Weingüter oft riesige Keller haben, gibt es oft sehr alte, top gelagerte Weine direkt aus dem Weingut. Geht mal auf die Suche nach Pullen aus dem Jahr 1964, 1970 oder 1975. Checkt zum Thema Rioja auch unsere Folge 64.

Roederer Cristal

Cristal ist die Cuvée de Prestige des Champagnerhauses Roederer, also sozusagen Top of the Pops dieses Herstellers. Cristal wurde im Jahre 1876 für den russischen Zaren geschaffen. Der hatte nämlich eine Vorliebe für die Weine von Louis Roederer und gab den Auftrag für eine besondere Cuvée. Vielleicht die erste VIP-Limited-Edition der Geschichte. Cristal wird nur in großen Jahren produziert, er besteht aus Chardonnay und Pinot Noir in variablem Anteil. Warum alle Rapper und Promis Cristal so geil finden, ist natürlich die pornöse durchsichtige Flasche (und der Preis). Hat ja eh keiner Ahnung, wie was schmeckt. Damit der Wein trotzdem vor Licht geschützt ist – das ist nämlich der Grund, warum Weinflaschen normalerweise grün oder braun sind! – wird Roederer Cristal mit einer UV-filternden, transparenten Folie geliefert. Curly hat übrigens seinen ersten Cristal im Hotel nach dem Podcast mit Tim Mälzer geballert. Und ein schönes Fotoshooting draus gemacht. Sucht mal auf Insta.

Rosé

Bei Rosé gibt es wie bei allen Weinen ein großes Spektrum von Industrieplörre bis Charakterwein. Bei echten Toplagenweinen liegt jedoch bisher die qualitative Obergrenze, denn die findet man bei Rosé (noch) nicht. Zur Herstellung von Rosé gibt es verschiedene Methoden: Ein Weg ist, dass die Rotweintrauben abgepresst und wie Weißwein ohne Schalen vergoren werden. Die Methode ergibt helle Roséweine. Wenn man den Most vor dem Pressen zwei bis drei Tage auf der Maische liegen lässt, wird der Wein entsprechend dunkler. Dann gibt es die sogenannte Saignée-Methode, bei der aus dem Gärbehälter für Rotwein 10 bis 15 Prozent des Mosts vor dem Pressen abgezogen werden. Der restliche Wein wird dann zu Rotwein weiterverarbeitet.

Was Rosé nicht ist: Ein Gemisch aus Rotwein und Weißwein. Außer – und bei Wein gibt es ja immer ein außer – manchmal bei Champagner. Denn die Champagne ist das einzige Gebiet, in dem man zur Rosé-Herstellung Weißwein mit Rotwein mischen darf.

S

Sadie, Eben

Eben Sadie gilt für viele als bester Winzer Südafrikas. Der ehemalige Surfer hat zunächst gelernt, Industriewein in Massenproduktion zu machen, und sich danach dem extremen Gegenteil zugewandt: konsequenten, handgemachten Terroirweinen. Nach Stationen in Europa gründete er 1999 im südafrikanischen Swartland das Weingut The Sadie Family. Eben Sadie öffnete für viele südafrikanische Winzer die Tür zum Weltmarkt und zu eigenständigen, charaktervollen Weinen. Türöffner für Eben Sadie in Deutschland war übrigens unser Homie Hendrik Thoma (Folge 40).

Sangría

Sangría (mit Akzent und Betonung auf dem i) hat Curly früher getrunken. Lauter gute Sachen drin, Vitamine und so. Rotwein, Fruchtstücke und Fruchtsaft. Braucht man auch nicht zwingend Karaffe oder Gläser dazu. Ein herkömmlicher Haushaltseimer und ein paar Schläuche tun's auch. Armageddon für Weinfans, aber lustig. Unerwarteter Plot-Twist: Auch Spanier*innen trinken Sangría. Hättet ihr's gedacht?

Santorini

Santorini ist eine Vulkaninsel in der griechischen Inselgruppe der Kykladen. Bekannt für weiße Häuser, blaue Kuppeln, Sonnenuntergänge, aber auch: Wein. Denn hier wächst die Weißwein-Rebsorte Assyrtiko, mit das Beste, was man aus Griechenland bekommen kann. Auf dem Vulkanboden mit heißen Tagen und frischem Seewind bei Nacht entwickelt der Assyrtiko Power, hat aber eine schöne ausgeprägte Säure und tolle Mineralität. Probiert mal, wenn ihr könnt. Und vergleicht auch mit anderen Weinen von Vulkaninseln: Sizilien, Teneriffa und Azoren.

Saumagen

Der Kallstadter Saumagen gehört zum rheinland-pfälzischen Weinbaugebiet Pfalz und hier wiederum zum Bereich Mittelhaardt - Deutsche Weinstraße. Er ist vom VDP als Große Lage ausgezeichnet. Der Boden besteht überwiegend aus Lösslehm und Kalkmergel. Angebaut wird vor allem Riesling, weniger: Spätburgunder. Berühmt gemacht hat den Saumagen das Weingut Koehler-Ruprecht unter dem ehemaligen Besitzer Bernd Philippi, der zu den Urgesteinen des pfälzischen Weinbaus zählt. Die neuen Stars des Saumagen sind dabei die Rings-Brüder (Folge 32).

Sauvignon Blanc

Die Rebsorte stammt ursprünglich aus dem Loire-Tal in Frankreich, wo sie als Sancerre und Pouilly-Fumé weltbekannt wurde. Inzwischen wird Sauvignon Blanc auf der ganzen Welt angebaut und ist nach Chardonnay mengenmäßig auf Platz zwei. Sauvignon Blanc hat auf seinem Siegeszug zum Beispiel Neuseeland berühmt gemacht und ist inzwischen eine typische Rebsorte in Willis Heimat Steiermark.

An Sauvignon Blanc scheiden sich dabei die Geister: Bei den allermeisten Weintrinkerinnen und -trinkern ist er wegen seiner fruchtigen Frische sehr beliebt. Es gibt aber auch Weintrinker, bei denen er eine Art Feindbild ist. Ob jemand Sauvignon Blanc mag oder nicht, merkt man meistens daran, ob er oder sie den typischen Geruch entweder als »Stachelbeere« bezeichnet oder als »Katzenpisse«. Miau. Hört mal rein in Folge 15 mit Monika und Armin Tement, die zu den besten Sauvignon-Blanc-Erzeugern der Welt gehören.

Schönung

Schönheit liegt auch hier wie immer im Auge des Betrachtenden. Klassisch gilt Wein als schön, wenn er klar, durchsichtig und frei von Schwebstoffen ist. Um das zu erreichen, werden Schönungsmittel eingesetzt, die die Trübung entfernen. Das sind zum Beispiel Aktivkohle und Bentonit, aber auch organische (sprich: tierische) Stoffe wie Gelatine und Eiklar. Inzwischen gelten auch Weine mit einer gewissen Trübung als akzeptabel, insofern wird nicht mehr jeder Wein geschönt.

Wenn ihr auf einer Weinflasche das Wort »vegan« lest, dann nicht gleich loslachen, das ist nicht komplett gaga, sondern heißt, dass keine Gelatine (sprich: Schweine- und Rinderknochen) und keine Eier zur Klärung des Weins verwendet wurden.

Schwefel

Um einer zu schnellen Oxidation im Wein entgegenzuwirken, wird Wein geschwefelt. Sulfite im Wein wirken antimikrobiell und antioxidativ, wodurch das Fortschreiten der Gärung gestoppt und die Lagerfähigkeit verbessert wird. Bereits die alten Griechen haben diese Methode als Konservierungsmittel genutzt. Auswirkungen hat das Schwefeln aber auch auf den Geschmack der Weine, der Prozess kann Fehltöne neutralisieren und den Geschmack sowie die sensorischen Eigenschaften des Weines schützen. Die Schwefelung erfolgt entweder im Maischestadium, nach der Gärung oder vor der Abfüllung in die Flaschen. Dabei ist die Dosierung normalerweise so gering, dass nicht mal der beste Verkoster ihn schmecken oder riechen könnte. Wobei, Willi kann. Weil es dann so in der Stirn britzelt, sagt er. Auf dem Etikett muss Schwefel gekennzeichnet werden. Übrigens, wir haben ja lange nicht über Kabi geredet: Kabi ohne Schwefel geht nicht. Denn mit Schwefel wird die Gärung genau dann gestoppt, wenn genug Zucker vergoren ist, um noch etwas Restsüße übrig zu lassen. Das gibt die perfekte Balance. Insofern ist Schwefel Curlys Freund. Chillig!

Shiraz

Shiraz ist dieselbe Rebsorte wie Syrah – und wahrscheinlich ist sie ein Urenkel des Pinot Noir. Bis 1970 wurde sie fast ausschließlich im nördlichen Rhône-Tal angebaut, wo die Rebsorte auch eigentlich herkommt und oft reinsortig angebaut wird. An der südlichen Rhône findet man sie als Teil der sogenannten MSG-Cuvée also Mourvèdre, Syrah, Grenache. Außerhalb von Frankreich wird die Rebsorte vor allem in Spanien, Australien, Südafrika und in den USA angebaut. Die beiden Bezeichnungen Syrah (Alte Welt) und Shiraz (Neue Welt) beschreiben unterschiedliche Stilistiken: Syrah aus der Alten Welt wird eher durch Würze und Finesse geprägt, die Weine sind trocken und haben Aromen wie geräucherten Speck, Pfeffer, Tabak und Lakritz. Beim Shiraz aus der Neuen Welt steht eine opulente, oft marmeladige Frucht im Vordergrund: Brombeeren, Himbeeren, Kirschen.

Einer von beiden ist ein Dackel und heißt Siggi.

Silvaner

Der Silvaner ist eine Rebsorte, die bereits seit mehr als 350 Jahren in Deutschland vertreten ist, wobei besonders Rheinhessen und Franken für Silvaner bekannt sind. Zusammen werden dort circa 3800 Hektar ihrer Anbaufläche für Silvaner genutzt. Ein bisschen ist Silvaner eine typische Rebsorte, aus der Hipster-Weinträume gemacht sind: Jahrzehntelang Massenwein, unterschätzt und gedisst, daraus kann doch irgendeine coole Underground-Winzerin einen Kultwein machen … Wir sagen vorher: das nächste große Ding. Vielleicht aber auch nicht.

Sekundäraromatik

Sekundäraromen sind Weinaromen, die bei der Gärung und beim Ausbau des Weins entstehen. Es sind die Aromen, die nicht direkt aus der Frucht und der Rebsorte stammen, das wären nämlich die sogenannten Primäraromen. Durch die Methoden der Weinbereitung können Winzerinnen und Winzer auf die Weinaromen Einfluss nehmen. Etwa durch das Holzfass, aber auch durch die Temperatur. Zum Beispiel betont eine Gärung bei niedriger Temperatur die fruchtigen und blumigen Primäraromen aus der Beere. Eine höhere Gärtemperatur bringt andere Aromen zum Vorschein: Wachs, Pilze, Nüsse oder auch Kuhstall. Wie Willi irgendwann mal gesagt hat: Ein bisschen dirty darf es schon sein.

Selection Massale

Die Selection Massale ist eine Methode, neue Rebstöcke für den Weinberg zu produzieren. Dabei werden Rebstöcke mit guten Eigenschaften ausgewählt, zum Teil durch langjährige Beobachtung. Von den besten Rebstöcken werden Reisige, also Holzstücke, abgeschnitten und auf passende Unterlagen gepfropft. Die Unterlagen sind zum Beispiel amerikanische Rebstöcke, die nicht anfällig für Phylloxera sind. Aufpfropfen bedeutet, dass dann das obere Reisig mit dem unteren Teil und den Wurzeln zusammenwächst. Auf diese Weise kann man nach und nach einen gesamten Weinberg erneuern.

Selosse, Jacques

Das Champagnerhaus Jacques Selosse wird von dem charismatischen Visionär Anselme Selosse geleitet, der wie viele Visionäre zunächst von den meisten für ziemlich bekloppt gehalten wurde. Als er das Weingut im Jahr 1980 von seinem Vater übernahm, wurde noch der Großteil der Trauben an große Champagnermarken verkauft. Anselme begann nach und nach, den Champagner selbst zu vermarkten. Aber nicht nur das: Nach burgundischem Vorbild wurden auch einzelne Lagen im Weinberg getrennt ausgebaut. Er hat also nicht mehr alles in eine Cuvée geschmissen, wie es in der Champagne üblich war. Dazu hat Selosse eine sehr eigene Handschrift etabliert, geprägt von Ausbau im Holz und oxidativem Stil. Winzerchampagner und Lagenchampagner, beides sehr angesagt, wäre ohne Anselme Selosse nicht in aller Munde. Wobei man sich Selosse auch erst mal leisten können muss, weil ultrateuer.

Spätlese

Die Spätlese ist ein Prädikat im germanischen Weinsystem. Sie ist süßer als ein Kabinett, aber nicht so süß wie Auslese. Unterm Strich eher was für nach dem Essen oder zum Dessert.

Spontanvergärung

Spontanvergärung ist der natürliche Vorgang, wenn Hefen, die sich in der Umgebung von Obst oder Obstsaft befinden, Zucker in Alkohol umwandeln. Das passiert in der Apfelsaftflasche genauso wie in einem Fass mit gepressten Weintrauben. Spontanvergärung bedeutet im Weinlatein, dass ein Winzer auf den Zusatz von sogenannten Reinzuchthefen verzichtet und darauf vertraut, dass die Hefen auf den Schalen, im Weinkeller, in der Luft ihre Arbeit spontan aufnehmen. Hefen prägen den Weingeschmack entscheidend, durch künstliche Hefen können gewünschte Aromen erzielt werden. Dagegen sind die Naturhefen Teil der natürlichen Bedingungen an einem ganz bestimmten Ort. Und gehören so zum Terroir.

St. Laurent

Eine rote Rebsorte, die eigentlich aus Frankreich stammt. Sie wird in Österreich und Deutschland angebaut, in den größten Mengen aber in Tschechien. Der Geschmack und auch die Tanninstruktur erinnern an Spätburgunder, Aromen sind Cassis, Pflaume oder Heidelbeeren, gepaart mit einer gewissen Würzigkeit, Wacholder, Sternanis oder auch Leder. St. Laurent ist allerdings viel pflegeleichter als Spätburgunder, der ja als ziemliche Diva unter den Rebsorten gilt. Ehrlicherweise muss man auch sagen: St. Laurent spielt nicht ganz in der Spitzenliga der Rebsorten. Fun Fact: Der in Österreich so beliebte (und bei Willi unbeliebte) Zweigelt ist eine Kreuzung aus St. Laurent und Willis Lieblingsrebsorte Blaufränkisch.

Subskription

Das Modell des Subskriptionskaufs stammt aus dem Bordeaux, wo es eigentlich »en primeur« heißt. Die Châteaus verkauften die Weine bereits, bevor sie fertig waren. Das war früher für die Liquidität wichtig – da das Geld schon reinkam, bevor der Wein noch zwei Jahre im Fass lag. Für die Kunden kann das System auch Vorteile haben, weil die Preise manchmal nach Veröffentlichung des Weins steigen, zum Beispiel wenn Robert Parker ihm 100 Punkte verleiht. Ehrlicherweise muss man aber sagen, dass es zum Beispiel von Bordeaux-Weinen solche Mengen gibt, dass das System nicht mehr unbedingt zeitgemäß ist – und die Raritäten aus dem Burgund bekommt man auch per Subskription nicht.

T

Tastevin

Der Tastevin ist ein fast ausgestorbenes Wein-Accessoire, das früher von Profis zur sensorischen Analyse des Weins benutzt wurde. Das Wort kommt aus dem Französischen von *taste-vin,* auf Deutsch »Probierbecher«. Ein Tastevin ist eine kleine flache, tassenähnliche Probierschale aus Metall mit einem Griff und einer Daumenfläche. Der Tastevin wurde oft von Weinverkostern und Sommeliers an einem Lederband oder einer Kette um den Hals getragen. Das macht eigentlich niemand mehr – außer unser Kumpel Aldo Sohm. Checkt mal Folge 49 – da erfahrt ihr mehr, vom Meister selbst!

Erwischt! Aldo Sohm einmal ohne Tastevin, dafür mit suspekten Gang-Zeichen.

Terroir

Das Zauberwort der Weinszene! Sogar Podcasts benennen sich danach. Auch nachzulesen am Anfang dieses Buches. Terroir bedeutet das Zusammenspiel geologischer, meteorologischer und menschlicher Faktoren an einem Ort. Ambitionierte Winzer machen Weine, deren Herkunft man riechen und schmecken soll. Das ist natürlich immer auch ein bisschen Hokuspokus, Fakt ist aber, dass ein großer Reiz des Weins damit zusammenhängt: der Hype, die Preise, Triumph und Versagen bei Blindproben, alles wegen des Terroirs. Der Clou dabei: Terroir lässt sich nicht einfach so vermehren. Deswegen wird es von Weinen aus einem großen und besonderen Terroir immer nur wenig geben. So wie es auch nur einen Willi und einen Curly gibt. Und nur Original-Adiletten.

Trollinger

Trollinger ist das schwäbische Nationalgetränk, dabei kommt der Trollinger eigentlich aus Südtirol, wo er Vernatsch heißt. Eigentlich genau wie bei mir, Curly: Mein Papa kommt aus Bozen und ich habe in Schwaben gelebt. Eigentlich bin ich ein Trollinger! Der Großteil von Trollinger ist anspruchsloser Billigwein, vor allem wenn er mit einer gewissen Restsüße ausgebaut wird. Auf der anderen Seite entspricht Trollinger aber auch dem immer angesagteren Vin de soif, also dem gehobenen Saufwein, wie es sie immer mehr in Frankreich oder Österreich gibt. Wenig Alkohol, frische Säure und eine unkomplizierte Fruchtigkeit. Offizieller Trollinger-Boss ist übrigens Rainer Schnaitmann, bei uns zu Gast in Folge 23.

Tütenwein

T wie Tütenwein oder D wie Don Simon oder W wie Wappenkrone – wie immer dein bevorzugter Tütenwein heißt. In der Regel im Tetra Pak, manchmal auch in der 1,5-Liter-Ausführung in der schicken Plastikflasche. Definitiv ein Anfängerwein. Googelt einfach mal »Willi Schlögl und Tetra-Pak-Wein« und schaut euch das Video für Rolling Pin an, dann wisst ihr, was Sache ist. Supersache für Schwefelfreunde.

Tonneau

Damit bezeichnet man in Frankreich ein Fass mit einem Volumen von 500 Litern. Das Tonneau liegt damit zwischen dem halb so großen Barrique und den nicht selten mehrere Tausend Liter fassenden großen Fässern, die als Großes Holz, Stückfass, Fuder oder *foudre* bezeichnet werden. Bei Weinen, die im Tonneau ausgebaut werden, ist der Holzeinfluss zu spüren, jedoch deutlich weniger als beim kleineren Barrique.

U

Ürziger Würzgarten

Der Ürziger Würzgarten ist eine berühmte Lage an der Mosel. Er liegt neben den anderen berühmten Lagen Ürziger Sonnenuhr, Erdener Prälat und Erdener Treppchen in einem Sweet Spot an der Mosel. Dort ist alles brutal steil – der Würzgarten ist zwischen 35 und 70 (!) Prozent Steigung steil und ist nach Süden und Südosten geneigt. Die Steilheit zusammen mit der Reflexion der Sonnenstrahlen durch die Mosel ergibt viel Sonnenpower, weswegen hier auch legendäre Spätlesen, Auslesen und so weiter herkommen. Njam, njam, süüüß! Die namensgebende Würzigkeit des Gartens kommt wahrscheinlich aus dem wilden Mix im Boden: Rotliegendes Sand- und Schiefergestein, zum Teil vulkanisch und mit hohem Eisenanteil.

UTA (untypische Alterungsnote)

Wenn eine Rebe Trockenstress hat, kann es sein, dass dadurch UTA entsteht. Das schmeckt man anfänglich nicht, aber es kann nach ein paar Jahren eine böse Überraschung geben. Der Wein schmeckt firnig, nach Mullbinde, medizinisch. Ungeil.

V

VDP

Verband Deutscher Prädikatsweingüter. Etwa 200 Weingüter sind Mitglied im VDP, erkennbar am Adler oben auf der Flaschenkapsel. Es gibt verlässliche Qualitätsstandards und eine einheitliche Klassifikation – von Gutswein bis zum Großen Gewächs. Wer mehr erfahren will, checkt Folge 26 mit der äußerst sympathischen Chefin Theresa Olkus.

Viognier

Viognier kommt von den Steilhängen an den Ufern der Rhône, ist also eine autochthone Rebsorte von dort. Die Traube gilt als fast so eigenwillig wie Willi – der aus ihr gemachte Wein ist aber in den meisten Fällen ganz anders: ziemlich fett und ölig. Also überhaupt nicht Willi. Viognier hat eine Schwachstelle: Zu wenig Säure, und Säure lieben wir bekanntlich. Aber: Wenn Winzer alles richtig machen, kann Viognier toll sein.

Es stand nicht immer so gut um die Rebsorte: Dank der Reblausplage gab es in den späten 1960er-Jahren gerade mal lausige – lol – 14 Hektar Rebfläche von Viognier. Mittlerweile wird die Traube aber immer populärer, und das zeigt sich auch in der Anbaufläche: weltweit mittlerweile rund 12 000 Hektar. Und das nicht mehr nur an der Rhône.

Küchenchef
Philipp Vogel:
Enten-King und
TundA* Supporter
der ersten Stunde

W

Wehlener Sonnenuhr

Die Wehlener Sonnenuhr ist eine der bekanntesten Rieslinglagen – nicht nur der Mosel, sondern der ganzen Welt. Grund dafür ist ein perfekter Mix: Schieferverwitterungsböden, ein steiler Hang, die Ausrichtung nach Südwesten, das Wechselspiel aus heißen Tagen, zumindest wenn die Sonne scheint, und kühlen Nächten, und dann noch die Nähe des Flusses. Die Wehlener Sonnenuhr wurde mehrfach vergrößert und hat inzwischen 47 Hektar. Aber woher kommt eigentlich dieser Name Sonnenuhr? Ganz einfach: von echten Sonnenuhren. Die gibt es an der Mosel häufig in den Weinbergen. Man hat die Sonnenuhren da angebracht, wo es besonders oft und viel Sonne gab. Und das war gleichzeitig auch das Wichtigste für den besten Wein. Übrigens bei uns in Folge 50 zu Gast: Katharina Prüm, Sonnenuhr-Legende.

Weinfehler

Kork ist wahrscheinlich der bekannteste Weinfehler. Und es gibt das Mäuseln. Dann gibt es den bekannten Böckser, der Geruch nach faulen Eiern. Und und und. Im Unterschied zu Weinkrankheiten, die man sich aus dem Weingarten einfangen kann, wie UTA, entstehen Weinfehler bei der Weinbereitung oder durch Lagerung.

Weinstein

Eine chemische Verbindung von Sedimenten, die ausflocken und wie harte Weindiamanten sind. Ist aber nicht giftig oder schädlich, kann man mitessen. Muss aber nicht unbedingt sein (siehe »Dekantieren« und »Gerbstoffe«).

Weißer Spritzer

Siehe Seite 110.

Welschriesling

Überraschung: Diese Rebsorte hat nichts mit Riesling zu tun. Sie ist also keine Unterart oder so, es besteht keine Verwandtschaft zwischen den Sorten. Ähnlich ist die kräftige Säure, sonst haben beide einen sehr unterschiedlichen Geschmack. Welschriesling ist deutlich neutraler als Riesling. Typische Aromen, die man ihm zuschreibt, sind Zitrus, Limette, Grapefruit und grüne Äpfel. Die Herkunft des Welschrieslings war lange Zeit unklar, heute ist man sich aber sicher, dass er ursprünglich aus Kroatien stammt, wo man ihn unter dem Namen Grasevina kennt. Und in Italien firmiert er unter Riesling Italico. Die wahrscheinlich besten Welschrieslinge kommen aus Österreich, genauer gesagt aus dem Burgenland und der Steiermark.

Z

Zusatzstoffe

Okay, ihr habt es bis hierher geschafft, dann jetzt ein schöner Weinskandal mit Z zum Abschluss: Nach EU-Recht, in dem Wein nicht als »Lebensmittel«, sondern als »Genussmittel« definiert ist, muss auf Etiketten kein Zusatzstoff deklariert werden – außer Schwefel. Das ist absurd, vor allem weil insgesamt weit über 50 Stoffe erlaubt sind, darunter Eiweiß, Gelatine, Enzyme und vieles mehr. Bei all diesen Stoffen geht es letztlich darum, große Mengen Wein mit gleichbleibendem Geschmack kostengünstig herzustellen, wobei teure Methoden (zum Beispiel das Reifen von Wein in 225-Liter-Eichenfässern) durch billo Imitate (Holzchips in 10 000-Liter-Edelstahltanks) ersetzt werden. Dem Wein fehlt Frische? Dann schütten wir Zitronensäure rein. Zu dünn? Entziehen wir ihm Wasser. Unterm Strich sind das alles keine teuflischen Maßnahmen, aber Wein wird so zum Industrieprodukt in einer Liga mit Fertiggerichten und McDonald's. Nur weniger geil als McDonald's bei Kater – aber das ist ein anderes Thema. Wie entgeht man nun den schlimmsten Exzessen dieser Kunstwein-Erzeugung? Grundsätzlich nicht zu billigen Wein kaufen. Ab einem gewissen Preis (siehe Seite 40, »Guten Wein gibt's billig«) wird die Wahrscheinlichkeit höher, dass dein Wein ein handwerkliches Produkt ist.

Die TundA*-Weinkarte

1 Riesling rules, egal ob trocken oder Kabiiiiii!
2 Von hier kommt Curly.
3 Von hier kommt Curly auch.
4 Von hier kommt Curly eigentlich auch.
5 Und hier sind die Pfälzer <3
6 Freundschaft <3 Hier wohnt Curly.
7 Hier sind die ganzen deutschen Weinbaugebiete.
8 Home of Blaufränkisch, Veltliner und Berliner Sommeliers. Geheimtipp: Welschriesling.
9 Von hier kommt Willi – Steiermaaark!
10 Hipsters Traum! We love Magula, Strekov und Nestarec.
11 Freaky shit is coming!
12 Italien: 1.000 autochthone Rebsorten, heilloses Durcheinander AND WE LOVE IT!
13 Südtirol: Von hier kommt Curly auch ein bisschen.
14 Piemont: Nebbiolo Superstar. Tipp: Probiert auch mal Dolcetto!
15 Toskana: Ja, na ja.
16 Abruzzo: Pizzawein und Valentini.

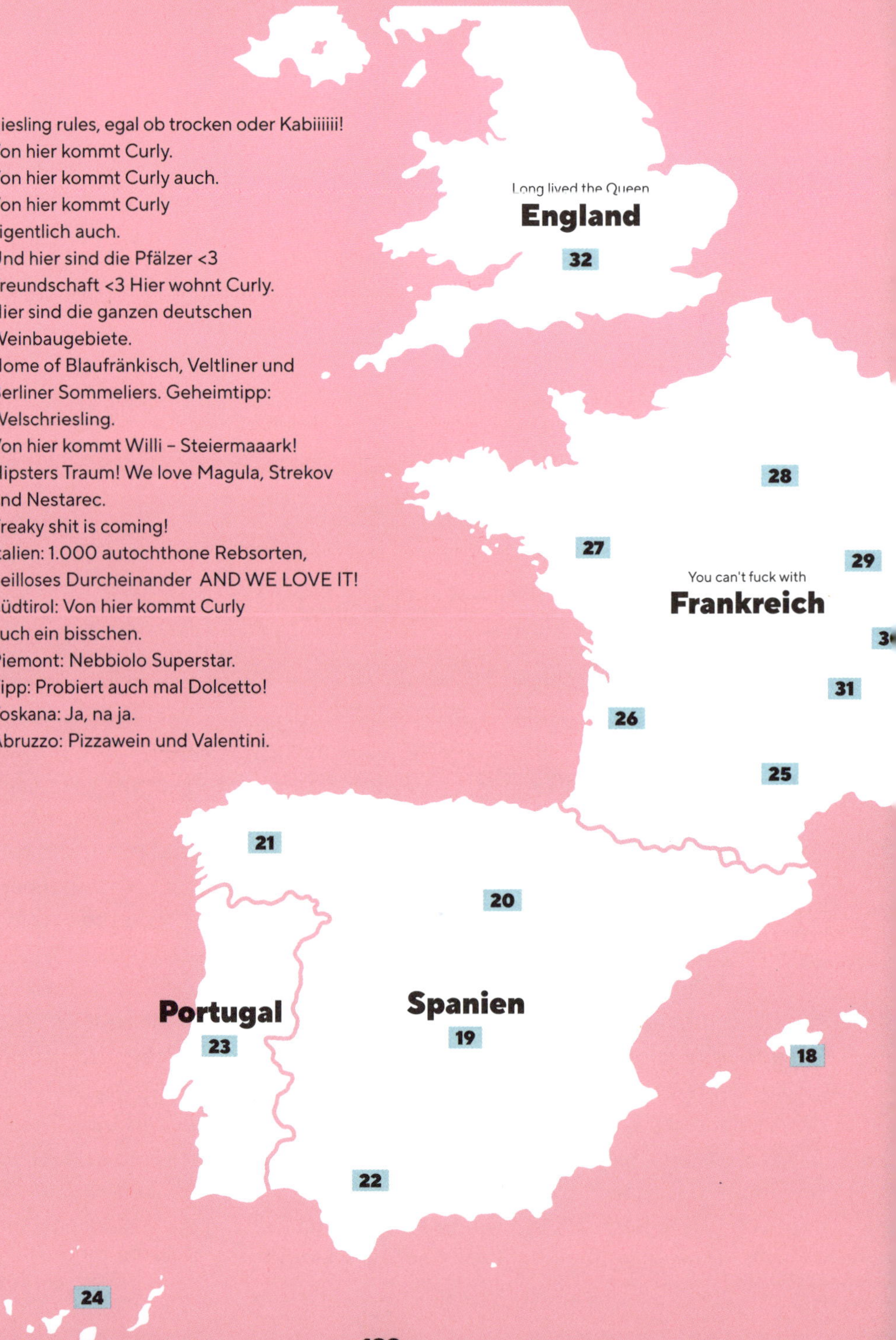

17 Ätna: Vulkanweine <3

18 Malle: Da, wo Curlys Mucke läuft! Geil: 4kilos, Cati Ribot und Eloi Cedó Perelló.

19 Spanien: Geht gerade voll ab.

20 Rioja: Klassiker, checkt die ganz alten und auch mal die weißen Weine.

21 Ribeira Sacra: Geheimtipp-Alaaarm!

22 Andalusien: Sherry & Stillweine <3

23 Portugal: Geht gerade auch voll ab.

24 Teneriffa: Vulkanweine! <3

25 Languedoc / Roussillon: Okayner Rotwein ab 7,- Euro, außerdem Top-Bio-Sachen.

26 Bordeaux: Unter 25,- Euro macht's keinen Sinn.

27 Loire: Bio-Weinbau-Pioniere und auch sonst ziemlich wild.

28 Ihr trinkt alle zu wenig Champagner!

29 Burgund: Lasst die Finger von dem Zeug - viel zu teuer und außerdem wollen wir das trinken. :-)

30 Jura: Hipsteralaaaarm!

31 Beaujolais: Alles geil, außer Nouveau / Primeur.

32 England: The Future of Schaumwein, sehr ähnliche Böden wie in der Champagne.

$$ Schweiz: Gut, teuer, bisschen langweilig. Wer hätte das gedacht! :D

Georgien

5000 Jahre Weinbau, crazy shit aus Amphoren, der wie Schwarztee schmeckt.

Santorini

Vulkanweine! <3 schmeckt!

Libanon

Chateau Musar <3

Was viele nicht wissen: Zum Ausgehen gehört in Berlin ein Wannenbad.

11

Bonustrack:
BERLIN
Nightlife!

Wein bedeutet für uns Geselligkeit, Leute treffen, Spaß haben, um die Häuser ziehen. Das kann man in Berlin besonders gut. Und es gibt natürlich noch andere gute Läden als die Freundschaft. Ich nehme euch mal mit in den Laden, der mich, Curly, eigentlich zum Wein gebracht hat, ins *Grill Royal*.

Curly: »Ich steh auf Grill Royal!«

Das Lokal ist eine Berliner Institution, eigentlich eine nationale Instanz.

Wenn irgendwelche Eltern aus Pforzheim nach Berlin kommen, um zu schauen, wie das Studium des Sohnemanns läuft, dann reservieren sie einen Tisch im Grill Royal. Der Laden liegt ein bisschen versteckt in der Friedrichstraße in Mitte, direkt am Wasser. Sehr stylish eingerichtet, so ein bisschen auf James Bond. Viele Kunstwerke, über der Küchentür hängt ein »Berghain«-Schal und am allergeilsten: In einer Ecke steht ein Boot. Also früher stand da eins, jetzt ist das Boot weg. Egal, ihr versteht. Also rein ins Restaurant. Das hat mich auf jeden Fall extrem geflasht beim ersten Mal. Mythen ranken sich um Besuche von George Clooney, Tom Hanks, Leonardo DiCaprio, Kanye West (er kam, saß und aß alleine). Wenn Brad Pitt in Berlin dreht, kommt er ins Grill, und wen ich selbst schon öfter gesehen habe: den Sänger der grrrroßen Rrrrrockband aus Berlin, zwei stadtbekannte Cowboys und diverse Rapper.

Die Matrix

Einmal, nach einer Podcast-Aufnahme, waren wir selber mit einem VIP da, nämlich dem Winzer und Ex-DFB-Chef Fritz Keller (Shoutout, Fritz und Friedrich!). Und am Nachbartisch chillte der Co-Moderator von der einen Late-Night-Show aus Berlin. Sowieso immer da: reiche Business-typen, Schriftsteller, Kunstsammler, Agenturchefs, Bitcoin-Millionäre. Und Medienleute. An einem Abend saß mal ein gewisser Chefreporter neben mir, der rannte zur Toilette, als wäre es eine Kriegsreportage – klar, auf der Toilette herrscht ja auch Krieg, nämlich der War on Drugs. Neben den männlichen VIPs und Promis gibt es auch viele Frauen. Zum Teil selber Stars, Fernsehen, Germany's Next Topmodel, was auch immer, zum

Teil als Begleitung von wichtigen Männern. Oder eben einfach so, Girl's Night out, mal gucken. Das Motto: All eyes on us! Kein Mythos, sondern pure Wahrheit: Im Grill Royal gibt es ein Sitzsystem, voll gnadenlos. Wer nur einmal im Leben herkommt, merkt es nicht, es läuft wie in Matrix, dir wird der Abend deines Lebens auf die Netzhaut projiziert und du checkst nicht, dass du nichts checkst. Kurz gesagt läuft es so: Je weniger du dazugehörst, desto weiter hinten sitzt du. Die Eltern aus Pforzheim, die einmal im Leben sehen wollen, wie »man in Berlin« so feiert, sitzen an der Wand, neben, tadaaa, anderen Eltern aus Pforzheim. Oder neben Jochen, Rainer und Markus aus dem Finanzvertrieb. Aber ganz sicher nicht neben den Stars aus Hollywood oder von ProSieben.

Wenn ihr mal hingeht, achtet drauf: Je weiter man nach hinten Richtung Klo kommt, also da, wo die Leucht-Pussys an der Wand hängen, desto mehr Anzüge. Hemd mit großem Kragen, Sakko und alles. Normaloland, die westdeutsche Kleinstadt auf Besuch. Die, die hier sitzen, kennen nicht Regel Nummer eins: Um ins Grill Royal zu gehen, machst du dich nicht schick mit Anzug und Kleid. Du kommst mit maximaler Ignoranz, Basecap, T-Shirt, bunter Daunenjacke und zahlst die 500-Euro-Rechnung, als ob nix wäre. Und wenn Anzug, dann richtig nice vintage und mit Bart und Brille. Dann bist du Agenturchef oder Kunstsammler. Diese Sortierung sorgt für lustige Missverständnisse: Wenn du vorne sitzt, nimmt der Star am Nachbartisch an, du müsstest auch jemand sein, den er kennt. Oder kennen müsste. Manche macht das nervös. Einmal saß ein Gladiatoren-Filmdarsteller neben uns, mit schicker Nietenjeans, vielen Storys aus Hollywood, bisschen laut, nicht unsympathisch. Nur haben wir ihn halt nicht weiter beachtet, weil bei uns am Tisch selber genug los war. Das hat ihn unruhig gemacht, vielleicht dachte er, wir wären Filmproduzenten oder irgendwie anders wichtig, auf jeden Fall kam er beim Aufbruch extra noch mal an unseren Tisch, um sich zu verabschieden und unser und sein Essen zu kommentieren: »Schönen Abend noch, Männer, sieht gut aus, das Steak, oh der Fisch, super Fisch, ciao.« Bisschen absurd eigentlich. Oder vielleicht auch nur nett.

Die Karte

Es gibt aber noch was anderes im Grill Royal, außer dem ganzen Halligalli. Nämlich die Weinkarte. Oder, wie die sagen, die Plan haben: die beste Weinkarte der Stadt. Eine der besten des Landes. Vergiss mal den ganzen

VIP- und Promi-Zirkus. Wenn du dich für Wein interessierst, dann bist du hier richtig – und gehörst ruckzuck selber dazu, guter Tisch inklusive. Denn es ist ja so, und darüber hab ich früher nie nachgedacht: Stell dir vor, du bist Sommelier und hast 2000 verschiedene Weine auf der Karte. Alle selber ausgesucht, alle mit einer Geschichte versehen, jeder einzelne steht für ein Erlebnis, eine Beziehung zum Winzer, eine Reise, eine Story, einen Absturz. Nur, shocking: 90 Prozent der Gäste wollen die Story nicht hören. Sie interessieren sich einen Scheiß für Wein, haben keine Ahnung und sind von der ganzen Auswahl so eingeschüchtert, dass sie einfach das bestellen, was sie kennen. Weißburgunder, und dies und das, Miraval Rosé (der von Brad Pitt & Angelina), was weiß ich. Das heißt also, dass du als Sommelier diesen ganzen Schatz an Wissen, Erfahrungen und Leidenschaft mit niemandem teilen kannst. Was für ein Albtraum!

Und jetzt kommt direkt mal ein Lifehack: Wenn du in einem Restaurant sitzt, in dem es eine fette Weinkarte und einen Sommelier oder eine Sommelière gibt, dann sprich mit ihm oder ihr. Lass dich beraten. Frag, was sie trinken würden. Begeistere dich für was Neues, das du noch nicht kennst, kommentiere beim Trinken die gute Auswahl. Belehre sie nicht. Kurz und gut: Behandle sie wie Leute, mit denen du ein gemeinsames Hobby teilst, nur dass sie mehr Ahnung haben als du. Ich garantiere dir: Sie werden dich nie wieder vergessen, du gehörst ab sofort zu den Lieblingsgästen und schon beim nächsten Mal kriegst du die Extrabehandlung. Und die Extrabehandlung kann dann schon was Geiles sein. Wie zum Beispiel im Grill Royal ganz vorne sitzen, während der Fashion Week einen Tisch kriegen, obwohl ausgebucht ist, oder auch, dass der Sommelier mit einem Glas an den Tisch kommt und sagt: »Da hinten sitzen Kings of Leon und sie haben ihre Magnum Château Latour für 10 000 Euro nicht ausgetrunken, willste 'nen Schluck?«

Mein erstes Mal

Aber eigentlich wollte ich ja von meinem ersten Mal erzählen. Also der Weinmoment, der alles geändert hat, wegen dem ich jetzt hier schreibe und den Podcast mache. Und das war hier, im Grill Royal, an diesem Abend vor ungefähr fünf Jahren. Wir waren eine Gruppe von vier, fünf Leuten, mit dabei jemand, der Plan von Wein hat. Einer von den Leuten, die wegen der Weinkarte ins Grill Royal gehen und dadurch Stammgaststatus haben, die Kings-of-Leon-Geschichte war zum Beispiel mit ihm. Wir saßen nun also da, genauer gesagt an Tisch 14 (haha, Shoutout an Andrea, die Restaurantleiterin, die das noch wusste!). Essen stand noch keins auf dem Tisch, aber es kam die erste Flasche Wein, ausgesucht von Nikolaus, dem Sommelier, den ich damals noch nicht kannte (Shoutout, Nik!). Inzwischen kommt mir das fast surreal vor, aber als ich den ersten Schluck Wein im Mund hatte, dachte ich: »Wow. Was ist jetzt los? Das gibt's ja gar nicht.« Das war anders als alles, was ich je getrunken hatte. Feuerwerk, Chöre aus dem Off (Shoutout, Mark Forster!), die Erleuchtung! Von wem der Wein war, weiß inzwischen keiner mehr. Könnte sein, von Markus Molitor. Aber ganz sicher ein Riesling von der Mosel. Entweder ein Gutswein oder Kabi, leichte Restsüße, viel Säure, schon etwas gereift, also auch diese typische Schiefernote. Haha, das war natürlich jetzt gelogen, ich hab keine Ahnung von Schiefernoten, aber Willi sagt, dass ich genau diese Art Wein liebe. Dann wird es wahrscheinlich so gewesen sein. Und ein paar schlaue Wörter hab ich inzwischen ja auch von Willi gelernt. Auf jeden Fall war das der Gamechanger. Am nächsten Tag bin ich in einen Weinladen und hab das erste Mal nicht im Supermarkt Wein gekauft, sondern bei einem Profi. Ich war auf einer Mission. Und daraus hat sich viel ergeben: Reisen an die Mosel, in den Schwarzen Adler, neue Bekanntschaften und Freundschaften, ein Podcast, mein eigener Kabi und letztlich auch dieses Buch.

Yummi Yummi!

Dazu hat diese Flasche aber auch eine weitere Tür geöffnet, nämlich die zum Fine Dining. Ich habe immer schon gerne und viel gegessen. Das kann auch mit dem Kiffen zusammenhängen, passenderweise habe ich auch mal ein Album gemacht, das Munchies hieß. Dabei ging es mir aber eigentlich immer nur um Fast Food, Süßigkeiten, alles, was so typisch amerikanischen Geschmack hat. Der In-N-Out Burger in Los Angeles war mein alltime Sehnsuchtsort. Meine Mama hat dazu immer gesagt: »Du hast einen Magen wie ein Mülleimer.« Stimmt irgendwie. Das war sicher auch der Grund, warum mir Weine im Mosel-Style so gut schmecken. Also nicht weil sie Müll sind, sondern weil sie einfach so krass Fanta-mäßig reingehen, durstlöschend, passen auch zu Wurstcroissants, bisschen sweet, mmmhhh …

Aber wie es so ist, wenn man verfressen ist und sich dann beim Wein eine völlig neue Welt auftut, dann dauert es auch nicht lang, dass man auch mal richtig gut und edel essen geht. Inzwischen macht es mir Spaß, zwischen

Wird oft in Berliner Etablissements angetroffen: ein DJ.

Chickenwings, Burger und Pizza auch mal ein Restaurant mit Michelin-Stern einzuschieben. Aktuell mein Lieblingsrestaurant: Tim Raue. Jeder Gang so geil, alles so lecker und irgendwie Comfort Food. Und dann dieses Eisbein. Oha! Müsst ihr auf jeden Fall mal hin, wenn ihr noch nicht dort wart. Oder wenn doch, einfach noch mal – aber mit mir. Auf jeden Fall ist es cool, dass es an diesem einen Abend diese eine Flasche gab, sie hat tatsächlich mein Leben verändert, es gibt ein Davor und ein Danach. Verrückt, dass so was oft von Zufällen abhängt, also mit wem man wohin essen geht, wie man drauf ist an dem Tag und so weiter. Und auch wenn ich inzwischen viel öfter bei Willi und Schelli in der Freundschaft abhänge, bester Ort, megachillig, das Grill Royal ist und bleibt ein besonderer Ort. In Berlin, in Deutschland und in meinem Leben.

Käse - der krönende Abschluss jedes festlichen Menüs.

12

Und ganz zum Schluss? KÄSE, was sonst!

Unser Freund Sylvain Taurisson-Diel, den ihr von unserem Weingutsbesuch bei Schlossgut Diel kennt, bekommt das Schlusswort. Das Thema: Käse! Dazu kam es, als Curly am Ende eines Menüs und circa 20 Flaschen Wein von Sylvain angeschnauzt wurde, warum er den Käse so unfähig schneidet. Da dachten wir: »Schau mal an, die Franzosen – haben nicht nur eine Käse-Kunde, sondern eine Käse-Schneide-Kunde.« Perfekt unnützes Wissen, um unser Buch abzuschließen! Aber nicht, ohne noch ein paar klassische Wein-Käse-Pairings abzufeuern. Dann lass mal hören, Sylvain.

Sylvain Taurisson-Diel: Der Käse-Gang in meiner französischen Familie war immer eine Institution. Das ist Teil meiner Erziehung und Kultur, ich erinnere mich genau daran, wie mein Großvater mir als Kind die Herkunft, die verschiedenen Käse und den Genuss erklärte. Für ihn war aber auch wichtig, dass der Käse richtig geschnitten wurde, damit jeder Gast ein schönes Stück bekommt. Es ist eine Beleidigung, wenn der heilige Gral mit dem Messer misshandelt wird! Dazu kommen noch andere Unterschiede zu Deutschland: Der Käse wird immer vor dem Dessert serviert, manchmal in Begleitung eines grünen Salats. Keine Marmelade und kein Chutney, sondern frisches Baguette, gesalzene Butter – und natürlich der richtige Wein. Also, auf geht's nach Frankreich!

Camembert de Normandie

Die Wurzeln meines Opas! Ich werde in den Läden als verrückt betrachtet: Ich mache jede Schachtel auf und prüfe mit den Daumen: Ist der Camembert richtig reif? Weich mit leichtem Widerstand! Dann am besten einen Tag in der Küche bei Zimmertemperatur aufbewahren, und der Käse entwickelt sowohl seine cremigen Noten als auch die bekannte Würze. Der perfekte Wein dazu: Bordeaux – mindestens zehn Jahre gereift, Rive gauche oder Rive droite, mit Aromen, die an Leder, Frucht und Paprikanoten erinnern. Zwei starke Persönlichkeiten treffen aufeinander und versprechen einen intensiven Genuss!

Comté – Jura

Notre coup de Cœur: Rohmilchkäse von der Kuh! Meine Empfehlung wäre: mindestens eine Reife von zwölf Monaten, was dem Käse diese süß-pikante Noten verleiht. Comté ist nicht nur ein Käse, sondern eine Philosophie: Je nach Lust und Laune kann man den Reifegrad auswählen: Junge Comtés wirken milchig und rund, ältere sind würzig mit tollen Salzkristallen. Am besten mit Bauernbrot und so viel gesalzener Butter wie Comté! Der Wein: trockener Riesling – idealerweise ein mindestens zehn Jahre gereiftes Großes Gewächs. Die Vermählung zwischen animierender Mineralität vom Wein und den milchig-salzigen Akzenten des Comtés ist ein Traum mit Suchtpotenzial!

Mont d'Or – Franche-Comté

Diese Sorte ist durch ihre typische runde Holzschachtel einfach zu erkennen. Am besten den Käse in den Ofen schieben und dann mit Salzkartoffeln und Feldsalat genießen. Nussige, fruchtige Aromen, stark und gleichzeitig rund. Balsam für die Seele. Bei uns muss ich aufpassen: Wenn meine Frau den Käse findet, schaffe ich nicht mal, ihn warm zu machen, da er schon verschwunden ist! Der Wein dazu: am besten ausdrucksstarker weißer Burgunder – zum Beispiel Chardonnay oder deutscher Pinot (Blanc/Gris). Cremige und tiefe Noten wie der Käse selbst! Eine Harmonie, der keiner widerstehen kann.

Sainte-Maure de Touraine, Ziegenweichkäse – Centre, Poitou-Charentes

Erkennbar durch den charakteristischen, langen Strohhalm in der Mitte. Die in Asche gewälzte Rinde ist fester als sein Kern und zeigt sich als angenehmer Kontrast. Besondere Konsistenz, aromatisch und salzig. Der Klassiker für alle Ziegenkäsefans und Lieblingskäse unserer ältesten Tochter. Als Wein dazu: frischer Pinot Noir oder ein Beaujolais. Die Kombination von dem aromatischen Ziegenkäse in seiner typischen Konsistenz und dem sowohl verspielten als auch erfrischenden Rotwein ist ein Gaumenschmaus!

Roquefort – Aveyron, Midi-Pyrénées

Der Klassiker der Blauschimmelkäse, der auch gerne polarisiert. Welcher Käse kann solch eine Geschmacksexplosion anbieten? Scharf und süß, salzig und cremig. Eine Reise in den Südwesten Frankreichs – mit Liebe und Hass. Für Blauschimmel-Anfänger hatte meine italienische Oma eine geniale Pastasauce, die den Käse in einer etwas milderen Form zum Glänzen bringt. Welchen Wein dazu? Am besten eine Riesling-Beerenauslese oder sogar eine gereifte Trockenbeerenauslese. Die Süße des Weines balanciert die Schärfe des Käses in einer perfekten Art und Weise aus. Eine unerwartete Harmonie für alle Épicuriens.

Auf Messers Käseschneide

Camembert,
Pont-l'Évèque

Sainte-Maure,
Rouleau de Provence

Blauschimmelkäse
wie Roquefort

Comté,
Ossau Iraty

Käse genießt man am besten gemeinsam. Und damit am Ende nicht nur Randstücke übrigbleiben, schneidet man so, dass es bei Tisch gerecht zugeht.

Valençay,
Pouligny-Saint-Pierre

Vacherin und
cremige Weichkäse

Brie und
Coulommiers

Cabécou,
Crottins

Impressum

Wir danken besonders unseren Mitautor*innen Sophie Passmann, Louisa Maria Schmidt, Caroline Diel, Sylvain Taurisson-Diel, Tim Raue und Roland Trettl

Projektleitung: Dr. Harald Kämmerer
Koordination und Redaktion: Steffen Gottwald
Schlussredaktion: Susanne Schneider
Coverfoto und alle Fotos im Innenteil sind von Lennart Schmidt,
außer: S. 9 oben links u. unten (Ingo Pertramer), S. 9 oben rechts (Peter Rigaud),
S. 64 (Peter Bender), S. 72 u. 78 (Hendrick Haase), S. 91 (Nadine Saupper),
S. 125 (Cemre Güney), Shutterstock: S.44, 122 (TanyaFox), 192 (Cvijovic Zarko)
Umschlaggestaltung, Innenlayout, Illustrationen, Satz: OH, JA! (www.oh-ja.com)
Herstellung: Elke Cramer, Timo Wenda
Reproduktion, Druck & Bindung: TBB, a.s., Banská Bystrica

Printed in Slovakia

ISBN 978-3-517-10225-2